MultiWelt № 22

Michael D. Eschner

Tarot

Geheimnis Abenteuer Spiel

MultiWelt Verlag

MICHAEL D. ESCHNER: Mit Kartenlegen und Horoskopdeutungen half Michael D. Eschner seinen Berliner Kunden bei drängenden Lebensfragen. In den 80er Jahren in Berlin verblüffte er ein Fernsehteam des ZDF: Er wurde befragt nach dem Ausgang eines Streits bei den Berliner Philharmonikern und sagte mit Hilfe des Tarot die künftige Entwicklung korrekt vorher (als einziger von mehreren Kartenlegern und Wahrsagern, die interviewt wurden). Einige Wochen später gab es genau die Lösung, die er vorhergesagt hatte. Er schrieb mehrere Artikel über Divination und gab Tarot-Kurse, in denen die Übungen dieses Buches erprobt wurden.

Michael D. Eschner war Autor und Übersetzer von mehr als einem Dutzend Büchern über Persönlichkeitsentwicklung, Bewusstseinsveränderung, Magie und das Wassermannzeitalter. Er sah die Realisierung des Horus Äons als seine Lebensaufgabe.

© 2011, 2025 MultiWelt Verlag
Eisenweg 34
D - 09123 Chemnitz

Satz: Steven Maier
Cover: MultiWelt

www.multiwelt-verlag.de
info@multiwelt-verlag.de

1. Auflage 2011
3. Auflage 2025
ISBN: 978-3-942736-28-2

Alle Rechte vorbehalten. Nachdruck, auch auszugsweise, nur mit ausdrücklicher Genehmigung des Verlages gestattet.

MultiWelt № 22

Michael D. Eschner

Tarot

Geheimnis Abenteuer Spiel:
Eine praktische Anleitung zum Kartenlegen
in kleinen Schritten

MultiWelt Verlag

Inhalt

1. Einführung 7

2. Tarot – das Orakel der Götter 11

3. Die Tarotkarten 15

4. **Die Bedeutung der Karten** 25
   4.1 Die Bedeutung der Zahlkarten 26
   4.2 Die Bedeutung der Bildkarten 30
   4.3 Die Bedeutung der Trümpfe 33

5. **Das Auslegen der Karten** 47
   5.1 Das Mischen der Karten 48
   5.2 Die Auswahl der Karten 49
   5.3 Das Auslegen der Karten 50
   5.4 Legemethoden 50
      5.4.1 Das Legen mit 1 bis 5 Karten 51
      5.4.2 Das Legen mit 10 Karten 52
      5.4.3 Das Legen mit 15 Karten 53

6. **Die Deutung des Blattes** 55
   6.1 Starke und Schwache Karten 57
   6.2 Häufigkeiten 57

7. **Die Deutung der Einzelkarten** 59
   7.1 Trümpfe 60
   7.2 Bildkarten 69
   7.3 Zahlkarten 76

8. Tarot und Kabbala 93

9. Formulare zur Deutung 99

10. Spielerisches Verständnis des Tarot **103**
    10.1 Anfänger Übungen 105
    10.2 Übungen zu den Personenkarten 107
    10.3 Übung zu Personen- und Zahlkarten 109
    10.4 Übungen für alle Tarotkarten 111
    10.5 Gemeinsam Geschichten erzählen 113

Nachwort **119**

Über den Autor **120**

Einführung

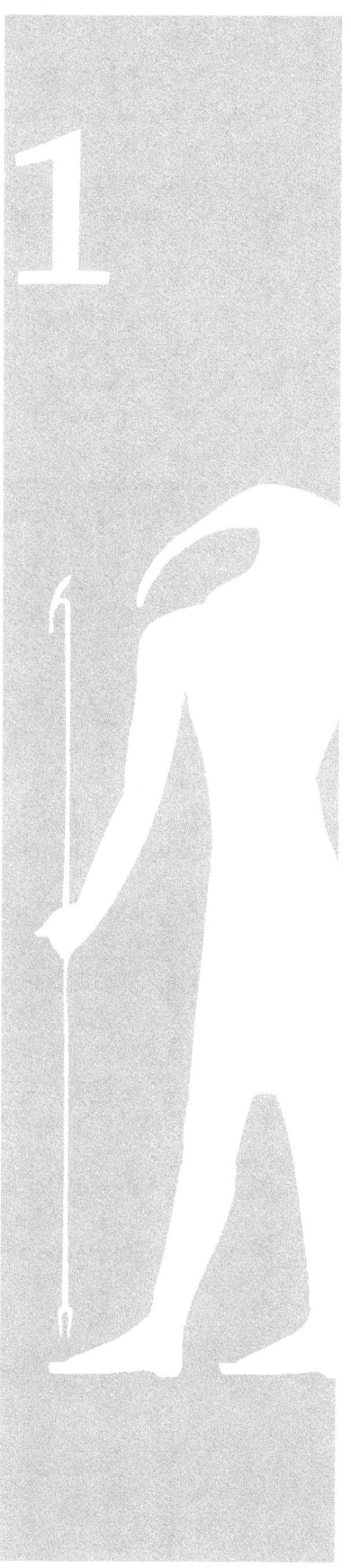

*Man erreicht die Größe nicht,
wenn man sich nur seinen Impulsen hingibt,
sondern indem man geduldig die stählerne
Mauer abfeilt, die das, was man fühlt,
von dem, was man vermag, trennt.*
Vincent van Gogh

Einführung

Das Tarot. Auf den ersten Blick: Ein Satz von Spielkarten. Für den Eingeweihten: ein Weisheitsbuch und ein magisches Werkzeug.

In früheren Zeiten wurde das Tarot von Hexen und Zauberern benutzt. In einsamen Waldhütten erkundeten und veränderten sie die Zukunft und erforschten mit den Karten die magischen Künste. Immer auf der Flucht vor den Häschern und Inquisitoren der Kirche sicherten ihnen die magischen Karten ihr überleben. Gegen Entgelt erledigten sie Aufträge:
- Wird mein Kind ein Junge oder Mädchen?
- Ich möchte, dass die Kühe meines Nachbarn keine Kälber mehr bekommen!
- Machen sie, dass meine Frau bei lebendigem Leibe verfault.
- Bezaubern sie Griselda mich zu lieben.

Mit geheimnisvollem „Abracadabra" gingen die Hexen und Hexenmeister ans Werk. Sie legten oder formten die Karten, um die Zukunft zu sehen oder sie zu gestalten:
- Dein Kind wird ein Junge.
- Die Kühe deines Nachbarn werden keine Kälber mehr bekommen.
- Lege diese Karte unter die Matratze der Frau – und bald wird sie verfaulen.
- Trage diese Karte auf deinem Herzen und du wirst die Gunst der hübschen Nachbarin erringen.

So oder ähnlich lauteten die Auskünfte der Meister und Meisterinnen der magischen Kunst.

Sie können das auch!

Für den modernen Menschen sind Karten oft nur Aberglaube. Wenn Sie sich die Hexenkünste zutrauen, können Sie sie erlernen. Wenn nicht, können Sie mit den Tarotkarten auf einer mehr psychologischen Ebene arbeiten. Die Tarotkarten sind:
- Ein **Werkzeug**, um das Leben zu gestalten und – wenn man will – sich zu höheren Zielen zu entwickeln.
- Ein **Fernglas**, mit dem man seinen Horizont in Zeit und Raum erweitern und sehen kann, was man sonst nicht sieht.

- Ein **Kompass**, der die Richtung weist, wie Probleme gelöst oder auf welchen Wegen Ziele realisiert werden können.

Darum wird es in diesem Buch gehen. Die Praxis des Tarot zur Zukunftsschau. Den mythologischen Bedeutungen der Theorie des Tarot ist nur so viel Platz eingeräumt, wie es zum besseren Verständnis und zur verfeinerten Deutung hilfreich ist.

Wenn Sie mit diesem Buch lernen, sollten Sie ein Tarotspiel zur Hand haben. Es gibt viele verschiedene Ausführungen des Tarot. Prinzipiell ist es egal, welche Fassung Sie verwenden. Wichtig ist: Es muss ein vollständiges Tarotspiel sein, d.h. es muss alle 22 Trümpfe, 40 Zahl- und 16 Bildkarten, insgesamt 78 Karten, enthalten.

Ich werde als Grundlage das sogenannte Thoth- oder Crowley-Tarot verwenden. Aleister Crowley (1875 - 1949) war ein großer Eingeweihter in die Geheimnisse der Kabbala und des Tarot. Seine Karten, die von Lady Frieda Harris gemalt wurden, stellen eine Symbolik dar, welche die Arbeit mit dem Tarot sehr erleichtert.

Wenn Sie mit den im folgenden dargestellten einfachen Tarottechniken arbeiten, werden Sie im Laufe der Zeit mit den Karten immer vertrauter werden. Sie werden die grundlegende Symbolik und den Systemzusammenhang der Karten kennenlernen und Ihnen werden sich die tieferen Bedeutungen immer mehr erschließen. Das Tarot wird in Ihnen wachsen zu einem Muster, welches jenseits aller Erklärungen liegt und nur praktisch erfahren werden kann.

Was Sie selbst dazu beitragen können, ein derartiges Verständnis der Tarotkarten zu erreichen, ist – mit dem Tarot zu spielen. Wenn Sie spielerisch mit den Karten umgehen, öffnen sich Ihre höheren Fähigkeiten. Ihr Leben wird noch erfolgreicher werden – vielleicht erfahren Sie aber auch mehr über die Welt und über sich selbst, als Sie eigentlich wissen wollten ...

In diesem Sinne wünsche ich nicht nur viel Erfolg, sondern auch viel Vergnügen, denn eines ohne das andere ist bei den Tarotkarten nicht möglich.

Michael D. Eschner

Tarot — das Orakel der Götter

*Tradition ist die Weitergabe des Feuers,
nicht die Anbetung der Asche.*
Gustav Mahler

Zum Ursprung des Tarot kann nur eines mit Sicherheit gesagt werden – es ist umstritten. Wir werden uns hier nicht in den Streit der mehr oder weniger gelehrten Tarotforscher einmischen, aber dennoch eine mögliche Geschichte des Tarot zeigen. Sie erhebt nicht den Anspruch wahr zu sein, aber es ist eine Geschichte, die mit dem Geist des Tarot übereinstimmt.

Unsere Geschichte über den Ursprung des Tarot verlegt diesen in das Reich der alten Ägypter – viele tausend Jahre vor unserer Zeitrechnung. Der Legende nach geschah Folgendes:

Der Gott Thoth, Götterbote, Herr der Geheimnisse des göttlichen Wortes und der Schrift, Schutzgott der Magier und Herrscher über die Zeit, genoss in Ägypten hohes Ansehen. Er offenbarte den Menschen die Heiligen Mysterien und ihm zu Ehren wurden viele Tempel errichtet.

Die Wände der Tempel des Gottes Thoth wurden mit bildlichen und symbolischen Darstellungen der von Thoth gelehrten Künste, Weisheiten und Mysterien bemalt. Da gab es Darstellungen der Entwicklungswege des Menschen, von seinen Möglichkeiten und Wegen zur Vervollkommnung, Diagramme der Geheimnisse des Kosmos und Bilder, welche die Ausübung der magischen Künste zeigten.

Die Priester dieser Tempel, die Eingeweihten, benutzten die Wandbilder zur Lehre, zur Weissagung und zum Zaubern. Sie riefen den Gott Thoth an, stellten z.B. eine Frage und warfen dann Stäbe in die Luft. Thoth lenkte die Stäbe so, dass sie auf das Bild zeigten, das die Beantwortung der Frage enthielt.

Um das Orakel auch in Zeiten benutzen zu können, in denen den Priestern der Zugang zum Tempel verwehrt war, z.B. in Zeiten des Krieges, fertigen sie kleine Abbilder der Tempelbemalungen an.

Diese kleinen Bilder brachten einen großen Vorteil. Man musste keine Stäbe mehr werfen, denn man konnte die kleinen Abbilder auslegen. So entwickelten die Priester Methoden, um die Abbilder unter der Führung von Thoth so auszulegen, dass sie Fragen beantworteten oder magische Ereignisse auslösten.

Diese kleinen Abbilder der Tempelbemalungen waren die Vorläufer der Tarotkarten.

Die Kabbala – ein anderer Strang der Tradition – ist die mystische Überlieferung des Judentums. Sie suchte die Entsprechungen zwischen Mensch und Gott in Buchstaben, Worten und Texten mit geheimnisvollem Symbolgehalt. Dabei verwob sie ikonische Abbildungen, Zahlen und Zeichen im Alphabet und dem Baum des Lebens. Das heutige Tarot verbindet die Tradition Ägyptens mit der Kabbala.

Nr.	hebräischer Buchstabe		Schlüsselwort	Element/Planet/Sternzeichen	
0.	א	Alef	Ochse (Pflug)	△	Luft
I.	ב	Bet	Haus	☿	Merkur
II.	ג	Gimel	Kamel	☽	Mond
III.	ד	Dalet	Tor/Tür	♀	Venus
IV.	צ	Tsaddi	Fischhaken	♈	Widder
V.	ו	Vau	Nagel	♉	Stier
VI.	ז	Sajin	Schwert	♓	Fische
VII.	ח	Chet	Zaun	♋	Krebs
VIII.	ל	Lamed	Ochsentreibstock	♎	Waage
IX.	י	Jod	Hand	♍	Jungfrau
X.	כ	Kaf	Handteller	♃	Jupiter
XI.	ט	Tet	Schlange	♌	Löwe
XII.	מ	Mem	Wasser	▽	Wasser
XIII.	נ	Nun	Fisch	♏	Skorpion
XIV.	ס	Samech	Stütze/Pfropf	♐	Schütze
XV.	ע	Ajin	Auge	♑	Steinbock
XVI.	פ	Pe	Mund	♂	Mars
XVII.	ה	He	Fenster	♒	Wassermann
XVIII.	ק	Kof	Hinterkopf	♓	Zwilling
XIX.	ר	Resch	Haupt	☉	Sonne
XX.	ש	Schin	Zahn	△	Feuer
XXI.	ת	Tau	Tau (ägypt)	♄	Saturn

Tarot — das Orakel der Götter

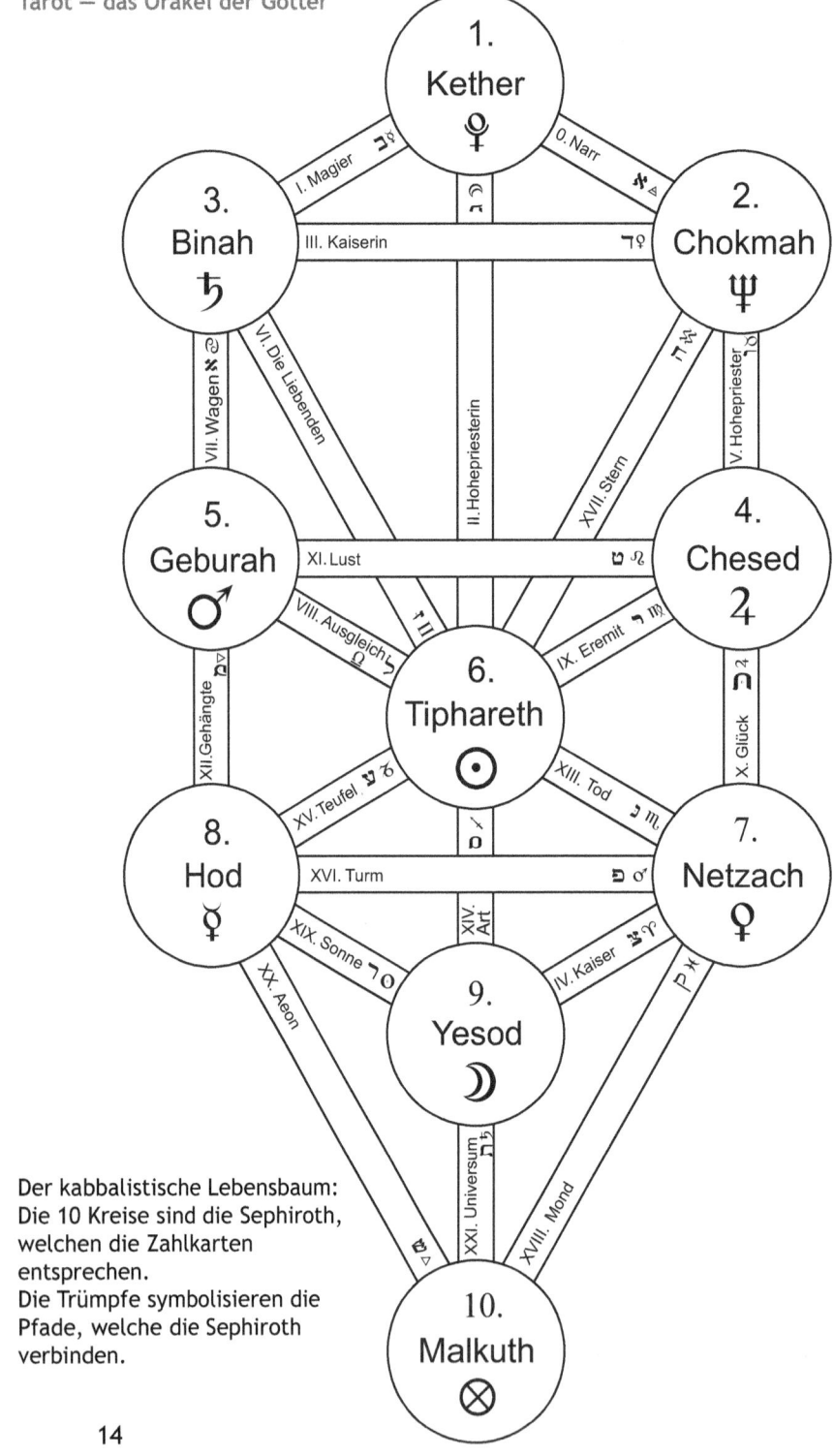

Der kabbalistische Lebensbaum:
Die 10 Kreise sind die Sephiroth, welchen die Zahlkarten entsprechen.
Die Trümpfe symbolisieren die Pfade, welche die Sephiroth verbinden.

Die Tarotkarten

*Wir wandeln alle in Geheimnissen.
Wir sind von einer Atmosphäre umgeben,
von der wir noch gar nicht wissen,
was sich alles in ihr regt, und wie es mit unserm
Geiste in Verbindung steht.*
Johann Wolfgang Goethe

Die Tarotkarten

Das Tarot besteht aus 78 Karten, welche in die großen und kleinen Arkana eingeteilt werden. „Arkana" kommt aus dem Lateinischen und bedeutet Geheimnis. Das meint das magisch-mystische Geheimnis, welches in diesen Karten verborgen wurde.

Die großen Arkana sind die 22 Trumpfkarten. Die kleinen Arkane sind die 40 Zahlkarten und die 16 Bildkarten. Jede Karte hat ihre eigene ganz spezielle Bedeutung – und diese Bedeutung müssen Sie kennen, wenn Sie mit dem Tarot etwas anfangen wollen. Das ist überwältigend viel Stoff. Wir werden uns die Sache erleichtern, indem wir erst einmal ein wenig Struktur in diese unüberschaubare Fülle bringen.

Nehmen Sie jetzt ihre Tarotkarten zur Hand und sortieren Sie diese in Trümpfe, Farben, Zahl- und Bildkarten. Damit Sie die Karten kennenlernen können, machen wir das gemeinsam.

Bei den Bezeichnungen der einzelnen Karten verwenden verschiedene Autoren voneinander abweichende Begriffe. Daher führe ich im Folgenden die drei einflussreichsten Tarot-Decks mit ihren unterschiedlichen Bezeichnungen der Trümpfe auf.

Das **Tarot de Marseille** gehört zu den ältesten Tarot-Decks. Es lässt sich bis ins 15. Jahrhundert zurückverfolgen. Seinen Namen hat es durch die südfranzösische Hafenstadt Marseille bekommen. Dort lag damals der Schwerpunkt der Kartenproduktion. „Tarot de Marseille" bezeichnet heute mehrere Kartensätze, es sind über 20 im Handel. So ist es eher als Gattungsbegriff für ein maßgebliches Schema, Zahl der Karten, Namen, Nummerierung, zu verstehen; die verschiedenen Kartensätze unterscheiden sich mehr oder weniger in Details.

Das **Rider-Waite-Tarot** wurde 1910 veröffentlicht. Es wurde geschaffen von Arthur Edward Waite und Pamela Colman Smith. Beide waren Mitglied des Hermetischen Ordens der Goldenen Dämmerung, Golden Dawn. Das Rider im Namen verweist auf Rider & Son, den Londoner Verleger.

Das **Thoth-Tarot** erschufen Frieda Harris und Aleister Crowley in den 1940er Jahren. Erstmals als Kartendeck herausgebracht wurden sie allerdings erst Jahre später. An den Detailreichtum und die dichte Symbolik dieses Decks kommt keines der anderen beiden heran. Gerade dadurch sind die anderen Decks für manchen Tarot Anfänger leichter zu erfassen und zu deuten.

Vergleich der Nummerierung (Nr.) und Bezeichnung der Trumpfkarten in den drei einflussreichsten Decks

Nr.	Tarot de Marseille	Rider-Waite Tarot	Thoth Tarot
0.	Der Narr, Le Fou	Der Narr, The Fool	Der Narr, The Fool
I.	Der Magier, Le Bateleur	Der Magier, The Magician	Der Magier, The Magus
II.	Die Päpstin, La Papesse	Die Hohepriesterin, The High Priestess	Die Hohepriesterin, The Priestess
III.	Die Herrscherin, L' Impératrice	Die Herrscherin, The Empress	Die Kaiserin, The Empress
IV.	Der Herrscher, L' Empereur	Der Herrscher, The Emperor	Der Kaiser, The Emperor
V.	Der Papst, Le Pape	Der Hierophant, The Hierophant	Der Hohepriester, The Hierophant
VI.	Die Liebenden, Les Amoureux	Die Liebenden, The Lovers	Die Liebenden, The Lovers
VII.	Der Triumphwagen, Le Chariot	Der Wagen, The Chariot	Der Wagen, The Chariot
VIII.	Die Gerechtigkeit, La Justice	Kraft, Strength	Ausgleichung, Adjustment
IX.	Der Einsiedler, L' Ermite	Der Eremit, The Hermit	Der Eremit, The Hermit
X.	Rad des Lebens, La Roue de Fortune	Rad des Schicksals, Wheel of Fortune	Glück, Fortune
XI.	Die Kraft, La Force	Gerechtigkeit, Justice	Lust, Lust
XII.	Der Gehängte, Le Pendu	Der Gehängte, The Hanged Man	Der Gehängte, The Hanged Man
XIII.	Der Tod, La Mort	Tod, Death	Tod, Death
XIV.	Der Ausgleich, La Tempérance	Mäßigkeit, Temperance	Kunst, Art
XV.	Der Teufel, Le Diable	Der Teufel, The Devil	Der Teufel, The Devil
XVI.	Der Turm, La Maison Dieu	Der Turm, The Tower	Der Turm, The Tower
XVII.	Der Stern, L' Etoile	Der Stern, The Star	Der Stern, The Star
XVIII.	Der Mond, La Lune	Der Mond, The Moon	Der Mond, The Moon
XIX.	Die Sonne, Le Soleil	Die Sonne, The Sun	Die Sonne, The Sun
XX.	Das Gericht, Le Jugement	Gericht, Judgement	Das Aeon, The Aeon
XXI.	Die Welt, Le Monde	Die Welt, The World	Universum, Universe

In einigen Decks trägt der **Narr** die Nummer XXII. **Gerechtigkeit** und Ausgleich bezeichnen die gleiche Karte, genauso **Lust**, Stärke und Kraft. Die Stelle, an welcher diese beiden Karten angeordnet werden, ist oft vertauscht. Im Thoth-Tarot ist Ausgleich die Karte VIII und Lust die Karte XI, bei anderen Spielen kann es genau umgekehrt sein.

Die Karte Kunst wird auch als Mäßigkeit bezeichnet, Aeon als Letztes Gericht, Zeitenwende und Erlösung und die Karte Universum als Welt.

In den meisten Marseille-Blättern trägt die Karte 13 gar keinen Titel.

Stapeln Sie die Trümpfe der Reihenfolge nach und schauen Sie sich dabei jede Karte in Ruhe an.

Suchen Sie sich jetzt aus dem verbleibenden Kartenstapel alle **Bildkarten**, das sind die Karten mit den folgenden Bezeichnungen, heraus:

König der Stäbe	König der Kelche	König der Schwerter	König der Scheiben
Königin der Stäbe	Königin der Kelche	Königin der Schwerter	Königin der Scheiben
Prinz der Stäbe	Prinz der Kelche	Prinz der Schwerter	Prinz der Scheiben
Prinzessin der Stäbe	Prinzessin der Kelche	Prinzessin der Schwerter	Prinzessin der Scheiben

Tabelle der Bildkarten

Könige werden manchmal als Ritter bezeichnet, in einigen Spielen werden die **Prinzen** als Ritter bezeichnet, z.B. im Waite-Tarot, wo außerdem die **Prinzessin** als Page bezeichnet wird.

Packen Sie alle Stäbe, alle Kelche, alle Schwerter und alle Scheiben auf je einen Stapel, wie in der nachfolgenden Tabelle.

Jetzt sind nur noch die **Zahlkarten** übrig. Diese sortieren Sie nach den vier Farben in der Reihenfolge der aufgedruckten Zahlen von 1, dem As, bis 10.

Wenn Sie alle Karten sortiert haben, sollte folgende Anordnung vor Ihnen liegen:

22 Trümpfe			
4 Bildkarten Stäbe	4 Bildkarten Kelche	4 Bildkarten Schwerter	4 Bildkarten Scheiben
10 Zahlkarten Stäbe	10 Zahlkarten Kelche	10 Zahlkarten Schwerter	10 Zahlkarten Scheiben

Tabelle der Anordnung

Wenn Sie einen großen Tisch haben – oder benutzen Sie den Fußboden – können Sie jetzt die Karten alle neben- und untereinander auslegen. Sie können dann jede Karte direkt sehen und müssen nicht in den Stapeln blättern. Schauen wir uns nun an, was wir da haben.

Zuerst fällt auf, dass die Bild- und Zahlkarten in vier Bereiche oder Farben geteilt sind: Stäbe, Kelche, Schwerter und Scheiben. Die Farben entsprechen den Farben normaler Spielkarten:

Tarotkarten	Stäbe	Kelche	Schwerter	Scheiben
Spielkarten	Kreuz	Pik	Herz	Karo

Tabelle der Farben

Diese vier Farben haben im Tarot eine besondere Bedeutung. Sie entsprechen den vier Elementen des magischen Weltbildes: Feuer, Wasser, Luft und Erde. Diese Elemente sind Strukturen in der Erfahrung, die man erkennen kann, wenn man ein wenig übt. Jede Erfahrung, jedes Erleben und Handeln, besteht aus den vier Elementen.

Wenn Sie mit den Elementen noch nicht so viel anfangen können, hier eine kleine Tabelle der Bedeutungen:

Die Tarotkarten

Feuer	Wasser	Luft	Erde
Stäbe	Kelche	Schwerter	Scheiben
Vater	Mutter	Sohn	Tochter
Macht, Kampf	Liebe, Familie	Wissen, Vernunft	Wirtschaft, Lebensbedürfnisse
Rot	Blau	Gelb	Grau
Süden	Westen	Osten	Norden
Sommer	Winter	Frühling	Herbst

Tabelle der Elemente

Die **Elemente** entstehen aus den Urkräften Heiß, Kalt, Trocken und Feucht:
- Feuer: Warm und Trocken
- Wasser: Kalt und Feucht
- Luft: Warm und Feucht
- Erde: Kalt und Trocken

Das ist so weit ganz einsichtig, Feuer ist heiß und trocken. Es entspricht aber nicht so ganz unserem modernen wissenschaftlichen Weltbild.

Wissenschaft versucht uns zu sagen, wie die Welt objektiv und nach Naturgesetzen funktioniert. Das magische Weltbild interessiert sich für Naturwissenschaft nicht. Es geht nicht um Wissen und Erklären, sondern um Weisheit und Verstehen. Es geht darum, den Menschen in der Welt, den Menschen mit seinen Lebenserfahrungen zu verstehen. Menschen kann man nicht wissen und nicht erklären, aber verstehen.

Sind nicht Feuer, Wasser, Luft und Erde alles, was wir in unserem konkreten Erleben vorfinden? Das physikalische Gesetz der Gravitation erleben wir nicht. Wir sehen, wie ein Blatt vom Baum zu Boden schwebt. Wir erleben die strahlende und wärmende Sonne, aber nicht den atomaren Prozess, der diese Helligkeit und Wärme erzeugt. Worauf würden Sie lieber verzichten:
- auf das Wissen um den atomaren Zerfallsprozess, der die Sonnenstrahlung erzeugt,

oder
- auf die Erfahrung der strahlenden und wärmenden Sonne?

Wenn Ihnen das Wissen um atomare Prozesse wichtiger ist, dann wird Ihnen das Tarot nichts sagen können. Wenn Sie die Erfahrung der Sonne bevorzugen, willkommen in der Welt der Magie und des Tarot.

Eine der ursprünglichsten Lebenserfahrungen ist die Familie: Vater, Mutter, Sohn und/oder Tochter. Eine andere ist der Jahreszyklus: Frühling, Sommer, Herbst und Winter. Das magische Weltbild verschmilzt unsere ursprünglichen Lebenserfahrungen zu einem Ganzen, dessen Teile sich gegenseitig bereichern und ergänzen. Es ist eine Welt für Menschen. Eine Welt, in der Menschen leben, lieben, leiden, traurig und glücklich sind – Erfahrungen machen und ihr Leben gestalten.

Der Anspruch des Tarot ist es, unsere ganze Lebenswelt in allen wichtigen Inhalten und Beziehungen zu erfassen. Die Welt der Wissenschaft ist nur ein Teil unserer Welt und unserer Lebenserfahrung. Das Tarot erfasst diesen Teil der Welt mit – Wissen ist das Element Luft – aber Leben ist mehr als nur Wissen. Das Tarot erfasst das Ganze unserer Lebenswelt, Wissenschaft nur einen Teil.

Die Einteilung der Welt in vier Elemente ist sehr grob. Sie ist für die unbelebte Natur ausreichend, aber nicht für Menschen. Das Tarot erfasst durch eine Kreuztabellierung der Elemente, die sich in den Bildkarten ausdrückt, sechzehn Unterelemente als Menschentypen oder menschliche Eigenschaften:

	Feuer – Stäbe	Wasser – Kelche	Luft – Schwerter	Erde – Scheiben
Feuer – König	Feuer des Feuers	Feuer des Wassers	Feuer der Luft	Feuer der Erde
Wasser – Königin	Wasser des Feuers	Wasser des Wassers	Wasser der Luft	Wasser der Erde
Luft – Prinz	Luft des Feuers	Luft des Wassers	Luft der Luft	Luft der Erde
Erde – Prinzessin	Erde des Feuers	Erde des Wassers	Erde der Luft	Erde der Erde

Tabelle der Unterelemente

Der König des Feuers ist z.B. ein leidenschaftlicher männlicher Typus, der nicht viel nachdenkt, bevor er handelt, dafür mit Feuereifer bei der Sache ist. Experimentieren Sie selbst ein wenig mit der Bedeutung der Unterelemente. Schauen Sie wegen der Bedeutung der Elemente in die Tabelle der Elemente. Was könnte die Königin des Wassers für ein Menschentyp sein?

Die **Zahlkarten** stellen bestimmte Lebenssituationen in den Bereichen der vier Elemente dar:

Farbe	Stäbe	Kelche	Schwerter	Scheiben
Element	Feuer	Wasser	Luft	Erde
1	Ass der Stäbe	Ass der Kelche	Ass der Schwerter	Ass der Erde
2	Herrschaft	Liebe	Frieden	Wechsel
3	Wert (Kraft)	Fülle, Überfluss	Sorgen	Arbeiten
4	Vervollständigung	Luxus	Waffenstillstand	Macht
5	Streit	Enttäuschung	Niederlage	Sorgen
6	Sieg	Freude	Wissenschaft	Erfolg
7	Tapferkeit	Ausschweifung	Nutzlosigkeit	Misslingen
8	Schnelligkeit	Trägheit	Störung	Klugheit
9	Stärke	Glück	Grausamkeit	Gewinn
10	Unterdrückung	Überdruss/ Sattheit	Ruin	Wohlstand

Tabelle der Zahlkarten

Die Bedeutung der Zahlkarten wie der Trumpfkarten basiert auf der Anordnung der Karten am kabbalistischen Lebensbaum (Siehe Abb. S.14). Der Baum des Lebens ist eine symbolische Darstellung, sowohl des Urprinzips als auch des materiellen Universums, eine Darstellung von Makrokosmos und Mikrokosmos, d.h. der Mensch ist selbst ein kleines Universum, eine Kopie des großen Universums.

Die Kabbala ist ein sehr altes magisch-mystisches System, höchst geheimnisvoll und recht umfassend und kompliziert. Ich werde diese Zusammenhänge hier nicht behandeln, weil sie zum einfachen Arbeiten mit dem Tarot nicht erforderlich sind.

Die Bedeutung der Karten

Das Tarot ist nicht nur ein Atlas, welcher das ganze Universum darstellt, sondern auch ein Reiseführer, der zeigt, wie man seinen Lebensweg gehen sollte. Die Tarotkarten geben uns eine Landkarte der Lebenswelt und zeigen uns die besten Wege.
Michael D. Eschner

4.1 Die Bedeutung der Zahlkarten

Die Beschreibungen in diesem Kapitel liefern einen Assoziationsrahmen, der helfen wird, die Bedeutung der Karten zu verstehen, um sie besser deuten zu können. Wenn Sie das nicht interessiert, können Sie dieses Kapitel einfach überschlagen und mit den später gegebenen Deutungen (Kapitel 7: Die Deutung der Einzelkarten) arbeiten. Deutungstabellen können jedoch nie vollständig jede Fragesituation erfassen. Sie können dann, wenn Sie Probleme beim Deuten haben, wieder auf dieses Kapitel zurückkommen.

Bei den Zahlkarten hat jede Zahl eine allgemeine Bedeutung. Diese stellt sich in den verschiedenen Farben aus der Sicht des jeweiligen Elements dar. Im ersten Schritt betrachten wir die allgemeine Bedeutung der Zahlen auf den Zahlkarten. Dadurch werden Sie sich die Bedeutung der Einzelkarten besser erklären und merken können.

Diesem Kapitel können Sie am besten folgen, wenn Sie die Zahlkarten vor sich auslegen. Legen Sie die Karten nach folgendem Muster:

	Asse	
Dreier Fünfer		Zweier Vierer
	Sechser	
Achter		Siebener
	Neuner Zehner	

Das ist die Anordnung der Zahlen am kabbalistischen Baum des Lebens. Auf dieser Anordnung basiert die Bedeutung der Zahlkarten.
- **Asse**: Die Asse symbolisieren die Quelle oder die Wurzel des Elements. Sie sind der Samen, aus dem heraus sich das Element, sozusagen wie ein Baum, entfaltet.
- **Zweier**: Der befruchtende Vater. Der erste zarte Trieb des Elements erscheint, noch völlig frei von jedem äußeren Einfluss. Es ist symbolisch die Befruchtung durch den Vater, die zeugende und

befruchtende, die aktive Seite des Elements. Die Form oder die Idee, die Möglichkeiten des Elements.
- **Dreier**: Die befruchtete Mutter. Jetzt kann etwas Neues erwachsen. Die empfangende und gebärende, die passive und schaffende Seite des Elements. Die Kraft des Elements.
- **Vierer**: Raum und Gesetz. Das Element materialisiert sich, es wird geboren, es wird wirklich. Der Raum und das Gesetz sind in der Vier symbolisiert.
- **Fünfer**: Zeit, Bewegung und Umsturz. Das Gesetz, die materielle Stabilität, wird von der Zeit zerstört.
- **Sechser**: Zentrum, Ausgewogenheit. Das Element hat sein Zentrum und seine harmonischste Ausgewogenheit erreicht.
- **Siebener**: Schwäche, Dekadenz, eine Abweichung von der Harmonie der Sechs.
- **Achter**: Reaktion auf Unglück, die Reaktion auf die Abweichung, welche in der Sieben symbolisiert ist.
- **Neuner**: Kristallisation der Energie. Das Element ist wieder im Gleichgewicht, aber alt geworden und weitgehend verbraucht, sodass die Dynamik schwindet und ein Erstarrungsprozess einsetzt.
- **Zehner**: Das Ende – und ein neuer Anfang. Die Energie ist verbraucht, das Element erstarrt. Wie bei allem Toten beginnt die Zersetzung, aus welcher der neue Same entsteht. Die Zehn ist nur eine andere Betrachtungsweise der Eins.

Legen Sie die Karten nun in vier Säulen, Stäbe, Kelche, Schwerter und Scheiben, von oben mit den Assen beginnend und unten mit den 10ern endend. So können Sie die Ähnlichkeiten der Bedeutung gleicher Zahlen in den verschiedenen Farben am besten sehen.

Stäbe

1. **Ass**: Das Ass ist die Wurzel des Elements. Es ist nicht schon das Element, sondern der Samen, aus dem es erwächst, die Möglichkeit des Elements.

2. **Herrschaft**: Die reinste Form der feurigen Kraft, nichts kann ihr widerstehen. Herrschaft ist hier positiv zu verstehen, wie im Beherrschen eines Handwerkes, im etwas Können.
3. **Wert**: Die Idee der Orientierung. Was will die Herrschaft erreichen? Was fange ich mit meinem Können an?
4. **Vervollständigung**: Die Verwirklichung der Idee. Kraft und Form vereint. Eine stabile, materielle Karte, deren Einfluss die folgenden beherrscht. Hier würde z.B. ein Werk fertiggestellt sein.
5. **Streit**: Ein Überschuss von Energie in verfestigten Positionen führt zu Auseinandersetzung und Streit.
6. **Sieg**: Der Streit ist entschieden.
7. **Tapferkeit**: Die Gegenkräfte sind zu stark. Das Element wehrt sich verzweifelt (tapfer) und kann überwunden werden.
8. **Schnelligkeit**: Das Feuer ist nicht mehr mit den Ideen von Verbrennung und Zerstörung verbunden – vermag aber noch ein wenig Licht zu geben.
9. **Stärke**: Diese Zahl symbolisiert: „Wechsel ist Stabilität". Es ist der Umschlagpunkt vom Leben des Elementes zu seinem Tode.
10. **Unterdrückung**: Die Arbeit ist zu gut getan. Aus Herrschaft wurde Tyrannei.

Kelche

1. **Ass**: Der Samen des Elements.
2. **Liebe**: Das Element Wasser in seiner reinsten und unwiderstehlichsten Form ist Liebe.
3. **Fülle**: Die Idee der Liebe entfaltet sich.
4. **Luxus**: Die Reinheit wurde im Prozess der Befriedigung verloren, Gewohnheit und Egoismus trüben die Liebe.
5. **Enttäuschung**: Da der natürliche Zustand des Wassers Ruhe und Stille ist, ist jede Störung dieses Zustandes Unglück.
6. **Freude**: Die Freude ist vollständig harmonisiert – eine der besten Karten.
7. **Ausschweifung**: Äußerer Glanz und innere Fäulnis.

8. **Trägheit**: Der höchste Gipfel der Unerfreulichkeit. Das Element Wasser besitzt nicht die Stärke auf Zeit und Sorgen, die die Freude trüben, angemessen zu reagieren.
9. **Glück**: Der Zufall des Glücks. Ein wohlgeordnetes Fest der Freude. Die Energie im Gleichgewicht. Auch hier wieder der „Wechsel garantiert Stabilität".
10. **Überdruss**: Im stagnierenden Traum brütet die Zerstörung. Das Streben nach der Freude war erfolgreich, aber nun wird sie zur Gewohnheit.

Schwerter

1. **Ass**: Der Samen des Elements.
2. **Frieden**: Die ausbalancierte Kraft der Evolution, die widerstreitenden Kräfte befinden sich im Gleichgewicht.
3. **Besorgnis**: Hier manifestiert sich die Idee der Veränderlichkeit. Alles ist anders, als es scheint, nichts bleibt, wie es ist. Die Besorgnis ist universell, eher Weltschmerz oder Melancholie. Sie hängt nicht mit individuellen Enttäuschungen zusammen.
4. **Waffenstillstand**: Die feindlichen Kräfte können weder überwunden noch akzeptiert werden – aber noch ist genügend Kraft da, um sie im Zaum zu halten, Rückzug in die Befestigungsanlagen.
5. **Niederlage**: Die Kraft reicht nicht aus zum Sieg. Der Streit ist ausgebrochen und das bedeutet Niederlage.
6. **Wissenschaft**: Verdienter Erfolg, Abwendung von Uneinigkeit und Täuschung. Die wissenschaftliche Intelligenz ist erfolgreich.
7. **Nutzlosigkeit**: Die Energie verliert sich in Träumen. Völlige Unfähigkeit zu fortgesetzter Arbeit. Man will mehr als die Ressourcen hergeben.
8. **Störung**: Unerwartete Störung, unvorhergesehenes Unglück. Gewohnheit schläfert den Willen ein.
9. **Grausamkeit**: Zersplitterung führt zur geistigen Agonie. Alle Stufen des Denkens sind durchlaufen, die Schlussfolgerung ist Verzweiflung.

10. **Ruin**: Totaler Krieg führt zu totaler Vernichtung. Aber danach kommt der Wiederaufbau. Das Neue entsteht auf den Ruinen des Alten.

Scheiben

1. **Ass**: Der Samen des Elements.
2. **Wechsel**: Fließende Veränderung, die Erde ist der Thron des Geistes. Ist der tiefste Grund erreicht, kommt man an der Spitze wieder heraus. So symbolisiert die Karte das endlose Band der sich in den Schwanz beißenden Schlange.
3. **Arbeiten**: Kristallisation der Kräfte, Schaffen.
4. **Macht**: Das Gesetz ohne aggressives Element. Naturgesetze, Macht, die durch Verhandlung und friedliche Methoden dominiert.
5. **Sorgen**: Das System der Macht ist zusammengebrochen, die Machtausübung ist nicht mehr erfolgreich. Widerstände, die nicht gebändigt werden können, treten auf.
6. **Erfolg**: Zeitweiliger Erfolg, kurze Pause auf dem Weg der Arbeit. Diese Karte repräsentiert rein materielle Ereignisse.
7. **Misslingen**: Die extremste Form der Passivität. Keine Anstrengung, was passiert, passiert. Das ist alles.
8. **Klugheit**: Die Karte repräsentiert das Element der Kalkulation in rein materiellen Angelegenheiten, speziell denen der Ressourcen. Es wird alles zurückgestellt bis zum geeigneten Moment.
9. **Gewinn**: Zu stumpfsinnig, um besorgt zu sein. Das Ziel ist Erfolg, ohne zu fragen, ob damit etwas gewonnen wurde.
10. **Wohlstand**: Dies ist die letzte aller Karten und daher die Summe aller Arbeit. Sie ist der tiefste Grund und die höchste Spitze. Hier wird Wohlstand vollständig träge – oder die Intelligenz wird eingesetzt, ihn richtig zu gebrauchen.

4.2 Die Bedeutung der Bildkarten

Die Bedeutung der Elemente ist bereits erklärt worden. In den Bildkarten treten diese Elemente paarweise auf, z.B. Königin (Wasser) der Stäbe (Feuer) ist Wasser des Feuers, Prinz (Luft) der Schwerter (Luft) ist Luft der Luft. Die Bedeutungen dieser Misch-Elemente werden aus den paarweise gemischten Qualitäten der Elemente entwickelt. Einige Beispiele:

- **Feuer und Wasser**: Kampf, Spannung, das Aufbrechen des Verfestigten, keine Gemeinsamkeit des Unverbundenen, Gegensatz.
- **Feuer und Luft:** Schnelle Veränderung, beschleunigte Entwicklung.
- **Feuer und Erde**: Plötzliche Veränderung in den Lebensverhältnissen, Entwicklungssprung.
- **Wasser und Luft**: Verzögerte Veränderungen, Hindernisse – aber dennoch Entwicklung, langsame Reform.
- **Wasser und Erde**: Stillstand, Verhärtung, Konsolidierung der Lebensverhältnisse.
- **Luft und Erde**: Persönliche Entwicklung, Entwicklung der Lebensverhältnisse.

Es gibt 16 Bildkarten, vier für jede Farbe. Jedes Element wird durch die anderen Elemente unterteilt. Der König oder Ritter repräsentiert das Element Feuer, der König der Stäbe den feurigen Teil des Feuers, der König der Kelche den feurigen Teil des Wassers. Am anderen Ende repräsentieren die Prinzessinnen die Erde, sodass die Prinzessin der Scheiben den erdigen Teil der Erde darstellt.

Diese Karten können in ihrer Unterteilung der Elemente vielen natürlichen Phänomenen zugeordnet werden. So repräsentiert der König der Stäbe, der feurige Teil des Feuers, den schnellen, gewaltsamen Ansturm, den leuchtenden Blitz. Der Prinz der Stäbe, der luftige Teil des Feuers, entspricht der ausdauernden Kraft der Energie der Sonne. Die Königin der Stäbe, Wasser des Feuers, zeigt die Verbindung von Licht und Wasser oder die Lichtdurchlässigkeit des Bildes des Feuers. Diese Karte entspricht daher dem Regenbogen.

- **König der Stäbe**: Feuer des Feuers, das hell auflodernde Feuer, die schöpferisch-zerstörerische Kraft des Feuers, der Blitz, das Neue, Chaos, Spontanität – aber ohne Ziel und Zweck.
- **Königin der Stäbe**: Wasser des Feuers, die Unberechenbarkeit des Feuers, sprunghaft wechselnde Verhaltensweisen und Ziele.

- **Prinz der Stäbe**: Luft des Feuers, das sich selbst fressende Feuer, seine eigenen Grundlagen vernichtend, sich verfestigende Verhaltensgewohnheiten, aber noch nicht starr, sondern im Entstehungsprozess begriffen.
- **Prinzessin der Stäbe**: Erde des Feuers, das verlöschende Feuer, Glut, der lebensnützliche Aspekt von Kreativität und Spontaneität, sozusagen ihre kultivierten Formen, das kulturelle Feuer.
- **König der Kelche**: Feuer des Wassers, die auflösende Kraft des Wassers, die sprengende Kraft des Dampfes, der stürmische Ozean, Ausbruch aus dem Gewohnten, Widerstand gegen Gesetze, das Geistige im Materiellen, auch plötzliche, zufällige Veränderung, Zerbrechen des Gewohnten, Revolution ohne positives Ziel.
- **Königin der Kelche**: Wasser des Wassers, Reflexion und Anpassungsfähigkeit des Wassers, passives Reagieren, schleichende Verfestigung von Verhaltensgewohnheiten, Langeweile.
- **Prinz der Kelche**: Luft des Wassers, die befruchtende Kraft des Wassers, Verdunstung, Regen, reformierende Veränderung, Wachstum, Lernen, Erkenntnisgewinn, geplante Veränderung.
- **Prinzessin der Kelche**: Erde des Wassers, die Kristallisation des Wassers, Schnee, Naturgesetze, staatliche Gesetze, soziale Institutionen.
- **König der Schwerter**: Feuer der Luft, die gewaltige Kraft der Bewegung, Wind und Sturm, Revolution mit positivem Ziel.
- **Königin der Schwerter**: Wasser der Luft, die verbindende und übertragende Kraft der Luft, treibende Wolken, verlangsamte oder übervorsichtige Entwicklung, Widerstand gegen Veränderungen – aber letztlich erfolglos.
- **Prinz der Schwerter**: Luft der Luft, Elastizität und die alles durchdringende Kraft des gasförmigen, der umfassende, alles durchdringende und mit sich reißende, amoralische evolutionäre Prozess, aber eher geplant und vernünftig, die Kraft der Ideen.
- **Prinzessin der Schwerter**: Erde der Luft, Fixierung des Flüchtigen, das Oxygen (Rost), die biologische und kulturelle Evolution.
- **König der Scheiben**: Feuer der Erde, Erdbeben, die Aktivität des Kosmos als Produzent von Variation, kosmische Strahlung, gewaltsame oder plötzliche Veränderung in den Lebensverhältnissen.

- **Königin der Scheiben**: Wasser der Erde, Fruchtbarkeit und Wärme der Erde, Vererbung, die lebenserhaltenden Kräfte des Kosmos, Befruchtung und Wachstum, aber im vorgegebenen Rahmen, Stagnation in der Entwicklung.
- **Prinz der Scheiben**: Luft der Erde, biologische Evolution, kosmische Evolution, logische Kontrolle und Planung der Entwicklung der Lebensverhältnisse, Management.
- **Prinzessin der Scheiben**: Erde der Erde, das Element an der Grenze zur Umwandlung, die normative Kraft des Faktischen, alles ist, wie es ist, was erreicht werden konnte, wurde erreicht – aber was nun?

Die Elementensymbolik, welche – wie gezeigt – in den Bildkarten enthalten ist, muss in übertragener Bedeutung auf die Personen der Karten bezogen werden, da sie nur eine allgemeine Charakteristik darstellt.

4.3 Die Bedeutung der Trümpfe

Die Trümpfe werden die „Atu von Tahuti", die „22 Häuser der Weisheit" genannt. „Atu" bedeutete im alten Ägypten „Haus" oder „Schlüssel". Tahuti ist der ägyptische Gott der Weisheit, Wissenschaft und Illusion (in koptisch heißt er Thoth), bei den Griechen Hermes, bei den Römern Merkur.

Jedem Trumpf ist ein hebräischer Buchstabe zugeordnet. Das hebräische Alphabet hat 22 Buchstaben, 3 Mutterbuchstaben für die Elemente, 7 Doppelbuchstaben für die Planeten und 12 einzelne Buchstaben für die Zeichen des Tierkreises. So sind jedem Trumpf auch ein Buchstabe und die entsprechenden Elemente, Planeten oder Tierkreiszeichen zugeordnet. (Siehe Abb. kabbalistischer Lebensbaum, S.14)

Die Trümpfe stellen in einem bildlichen Symbol, der Trumpfkarte, alle wichtigen Aspekte der Idee des Trumpfs dar. Beim Studium einer Karte darf deshalb kein Aspekt ausgelassen werden.

Hierzu zwei kurze Beispiele:

Der Trumpf VI, die Liebenden, dessen geheimer Titel „die Kinder der Stimme", „das Orakel der mächtigen Götter" ist, ist am kabbalistischen Lebensbaum dem Pfad, der von der Nr. 3 zu der Nummer 6 führt, zugeordnet. Die Nr. 6 ist die Persönlichkeit eines Menschen, die Nr. 3 seine geistige Intuition. Dem Pfad ist das luftige Tierkreiszeichen Zwilling zugeordnet. Der Einfluss der Nr. 3 auf die Nr. 6 entspricht der höheren Intuition des Menschen. Es ist die Erleuchtung durch die „große Mutter".

Der Trumpf II verbindet die Nr. 1 mit der Nr. 6, der Pfad ist dem „Mond" zugeordnet. Der Trumpf heißt „die Hohepriesterin". Die Hohepriesterin repräsentiert die himmlische Isis. Es ist ein Symbol von vollständiger Reinheit, Initiation in ihrer geheimsten Form. Die Nr. 1 ist das ultimate, göttliche Bewusstsein, die Nr. 6 ist das menschliche Bewusstsein. Von unten gesehen ist es das Streben des Menschen zu seiner Quelle.

Das Tarot ist nicht nur ein Atlas, welches das ganze Universum darstellt, sondern auch ein Reiseführer, der zeigt, wie man seinen Lebensweg gehen sollte. Die Tarotkarten geben uns eine Landkarte der Lebenswelt und zeigen uns die besten Wege.

Ich werde hier nicht die gesamte Symbolik des Tarot entfalten, denn das würde ein sehr umfangreiches Buch und ein langjähriges Studium erfordern. Im Folgenden werden die wichtigsten Aspekte angerissen, ausreichend um mit der praktischen Arbeit mit dem Tarot beginnen zu können.

Die folgende Beschreibung der Symbolik bezieht sich auf das Thoth-Tarot von Aleister Crowley. Nehmen Sie sich jeweils den besprochenen Trumpf zur Hand – ich erkläre Ihnen im Folgenden in kurzen Worten, was die Darstellungen auf der Karte bedeuten.

0. Der Narr

Der Narr ist Luft, Leere, Reinheit, eine Hieroglyphe des schöpferischen Lichts. Er ist der grüne Mann des Frühlings, der große Narr der Kelten, Parzival, Baphomet etc. Seine Haltung ist die von einem, der unerwartet in die Welt hereinbricht. Das grüne Gewand entspricht der Tradition des Frühlings, aber die Schuhe sind vom phallischen Gold der Sonne. Die Hörner auf dem Kopf sind die des Dionysus Zagreus und zwischen ihnen der phallische Kegel aus weißem Licht zeigt den Einfluss der Nummer 1 an.

In der rechten Hand trägt er einen Stab, gekrönt mit einer weißen Pyramide, dem Symbol des All-Vaters. Der flammende Tannenzapfen in der linken hat eine ähnliche Bedeutung, betont jedoch mehr das pflanzliche Wachstum. Über der linken Schulter trägt er den Sack mit den planetaren Scheiben, das Gelb im Hintergrund ist die Farbe der Luft. Über der linken Schulter hängen purpurne Trauben. Sie bedeuten Fruchtbarkeit, Süße und die Grundlage der Ekstase, welche durch den Stängel angezeigt ist, der sich in regenbogenfarbenen Spiralen entfaltet, die den sich als geteiltes Licht manifestierenden dreifachen Schleier des Negativen vor dem Wirklichen symbolisieren. Die Spirale ist die Struktur des Universums.

Die Sonne in der Mitte der Karte ist der Brennpunkt des Mikrokosmos, des Menschen. Unten ist in Blau der Nil mit Lotusstängeln dargestellt. Auf ihm das Krokodil, welches Harpokrates (ägyptisches Symbol der jugendlichen Fruchtbarkeit) bedroht. Der Tiger schleicht sich an ihn heran. Die restlichen Symbole sind Symbole der Gottheit. Der Geier der Ma'at, die Taube der Venus (Isis, Maria), der Schmetterling aus vielfarbenem Licht, das Symbol des Merkurstabes, welches unten durch die Zwillingskinder – die Gleichen, wie in dem Trumpf Sonne – wiederholt wird. Über ihnen das Symbol der Segnung der drei Blumen in einer.

I. Der Magier

Er ist Merkur, der Botschafter der Götter, und gaukelt mit den vier Symbolen der Elemente auf dem Papyrus oder Wort, dem Schreibstift oder Willen, dem Stab der Weisheit. Er repräsentiert die schöpferische Kraft in Aktion. Wie in der ägyptischen Tradition bei Thoth ist sein Begleiter und Schatten der Cynocephalus-Affe, der in der Hindu-Konzeption Hanuman entspricht. Merkur, welcher Weisheit, Wille und Wort ist, durch den die Welten geschaffen sind, symbolisiert die fluidische Basis aller Transmission von Aktivität.

II. Die Hohepriesterin

Mit ihrem Lichtschleier webt sie die Kristalle und Früchte der Erde. Sie trägt den Bogen der Jägerin, der gleichzeitig ein Musikinstrument ist. Sie ist die Isis, die ewige Jungfrau und auch Artemis. Aus diesem Grund ist sie nur in den leuchtenden Lichtschleier gekleidet. Licht nicht nur als Manifestation, sondern als der Schleier, der den Geist durch seinen unvergleichlichen Glanz verbirgt.

III. Die Kaiserin

Die Kaiserin sitzt in der traditionell das alchemistische Salz symbolisierenden Stellung. Sie ist die Frau in ihrer allumfassenden Aufnahmefähigkeit, inkarnierte Weiblichkeit, den Lotus der Isis haltend, den Gürtel des Zodiak tragend, umrundet von ihren Venusvögeln Sperling und Taube. Oben und unten sieht man den sich selbst opfernden Pelikan und das Wappen des weißen Adlers des Salzes. Salz ist das inaktive Prinzip der Natur. Der Lotus typisiert die weibliche oder passive Kraft. Die Bienen, Lilien und Spirallinien auf der Robe haben eine ähnliche Bedeutung. Der Pelikan kann mit der großen Mutter und ihrem Abkömmling, der Tochter, identifiziert werden. Er füttert seine Jungen mit dem Blut seines Herzens. Er repräsentiert so die Kontinuität des Lebens und die Erbschaft des Blutes, die alle Formen der Natur vereinigt. Der weiße Adler symbolisiert das alchemistische Salz und die weiße Tinktur von der Natur des Silbers. Er korrespondiert mit dem roten Adler in Trumpf IV.

IV. Der Kaiser

Seine Füße formen einen rechten Winkel als Kreuz und Arme und Kopf ein aufrechtes Dreieck, was der Darstellung des alchemistischen Symbols des Schwefels entspricht. Die Böcke hinter ihm zeigen, dass er von Aries, der schöpferischen und dominierenden Kraft, regiert wird. Die Bienen auf seinem Kostüm symbolisieren die geheimen Lehren der indischen Upanishaden. Die Karte zeigt Herrschaft mittels zweier kontrastierender Symbole. Diese sind der Widder, der – in freier Wildbahn – einsam, wild und mutig ist, und das Lamm, das fügsam, gesellig, fleischig und feige, tatsächlich aber der durch die Autorität gezähmte Widder ist. Das Wappen, der rote Adler, ist der feurige Schwefel und die rote Tinktur der Alchemisten, welche von der Natur des Goldes ist.

V. Der Hohepriester (Hierophant)

Diese Karte korrespondiert Taurus, dem Stier und seinem indischen Äquivalent, dem Elefanten. Das Pentagramm mit seinem in wollüstiger Unschuld tanzenden männlichen Kind (Horus) symbolisiert das „Neue Äon" des Kindes Horus, welches den Platz des „Alten Äons", das uns die letzten 2.000 Jahre bestimmt hat, einnimmt. Der Hierophant bewegt sich nur in Intervallen von 2.000 Jahren.

Die vier Masken sind die Wächter der Mysterien, die in dem großen Mysterium der Vereinigung von Mikrokosmos und Makrokosmos enthalten sind. Sie sind die Kherubim Mensch, Adler, Löwe und Stier. Die Frau vor dem Hohepriester mit dem nach unten zeigenden Schwert bedeutet, dass die Frau zukünftig frische Weisheit aus dem Gebrauch ihres Unbewussten ziehen wird. Sie repräsentiert Venus, jetzt bewaffnet und militant. Sie ist nicht mehr länger das Vehikel ihres Gegenstücks, des Mannes.

Der Stab in der Hand des Hohepriesters mit seinen drei ineinander verwobenen Ringen zeigt die drei Äonen von Isis (unten grün), Osiris (unten fahlgelb) und Horus (oben scharlachrot) auf tief indigofarbenem Hintergrund. (Indigo = Saturnfarbe, Saturn = Herr der Zeit.) Er sitzt auf einem Stierthron, seinem beherrschenden Zeichen. Das Pentagramm mit der Spitze nach oben und dem tanzenden Kind zeigt, dass er das Herz eines Kindes hat. In dem umgekehrten Pentagramm zeigt sich, dass er durch den Willen herrscht. Das End-Pentagramm zeigt wieder aufwärts. Es symbolisiert, dass er das regierende kosmische Gesetz akzeptiert.

VI. Die Liebenden

Diese speziell alchemistische Karte ist ein Symbol der Fortpflanzung. Die Schwerter oben lenken die Aufmerksamkeit auf den Prozess der Teilung, welcher tatsächlich geschieht. Die Kinder, Kain und Abel, repräsentieren die Absage Gottes, die Kinder Evas anzuhören, bis Blut vergossen ist. Dies symbolisiert die äußere Religion. Durch das Verschütten von Blut und äußere Religion war Kain fähig, Kontakt mit seinen Mitmenschen zu haben. In diesem Sinne ist die Bedeutung der Karte das Übergeben der Wissenschaft an die Menschheit, weil der Mörder Analyse symbolisiert und die ihm untergeordneten Kontakte Synthese. Es ist eine alchemistische Illustration der Heirat oder Vereinigung von zwei entgegengesetzten Prinzipien. Wir haben Prinz und Prinzessin, den Stab und den Kelch haltend (Mitte), Kain und Abel (unten), Lilith und Eva (oben). Die Schwerter im Hintergrund deuten auch den intellektuellen Prozess der Vereinigung der zwei Elemente an. Die Figur des Schöpfers segnet diese bedachte Synthese. Der alchemistische weiße Adler des Schwefels, das „Ei der Weisheit" und der geflügelte Stab des Osiris sind am Boden der Karte.

VII. Der Wagen

Der Wagenlenker hält den Kelch der indischen, ägyptischen und arthurischen Tradition. Der Kelch enthält das Blut des freiwilligen Opfers. Der Wagenlenker (Geist) sitzt im Wagen des Körpers und wird von den Sphinxen gezogen, welche die sechzehn Unterelemente (siehe Bildkarten) der Emotionen repräsentieren. Die Funktion des Wagenlenkers ist es, den „Heiligen Gral" zu tragen, in dessen Zentrum strahlendes Blut (spirituelles Leben) ist. Es symbolisiert die Anwesenheit des Lichtes in der Dunkelheit.

VIII. Ausgleich

Diese Karte repräsentiert die zufriedengestellte Frau. Diese Bedingung ist durch das Schwert und die Waagschalen, in welchem sie das Universum wiegt, symbolisiert. Alpha, das Erste, exakt ausbalanciert gegen Omega, das Letzte. Diese Skalen repräsentieren die zwei Zeugen. Jeder Zeuge ist eine authentische Manifestation von Maya, die eine die andere durch ihren Gegensatz erfüllend. Denn die Natur ist nicht gerecht. Sie ist eher „la justess" durch den Prozess des Gleichgewichts. Schließlich ist diese Frau der ursprüngliche Harlekin, das Äquivalent des Narren. Der wilde Glanz der Farbe und der Bewegung löst sich selbst wieder in ein Gleichgewicht aller Empfindungsmöglichkeiten auf. Sie balanciert von dem Kopfschmuck der Isis ausgehend die Schalen, in welchen die Blasen der Maya (Illusion) liegen, die transitorische Qualität der menschlichen Justiz symbolisierend.

IX. Der Einsiedler

In der Hand trägt er die Lampe oder heilige Weisheit. Sie enthält die Sonne, die hinter der umgebenden Dunkelheit verborgen ist, um die Erde zu befruchten. Der Einsiedler schaut kontemplierend und anbetend auf das Ei (Universum), das von der Schlange, einem Symbol des Lebens, umrundet ist. Die Hunde der Hölle bemühen sich, nach dem heiligen Licht und dem kleinen Homunkulus zu schnappen. Der Weizen verweist auf das Erdzeichen Jungfrau. Die Karte ist dem hebräischen Buchstaben Jod, der Grundlage aller Buchstaben des hebräischen Alphabets, zugeordnet. Der Symbolismus ist der der Schöpfung des Lebens, und sein Repräsentant ist das Spermatozon. Aus diesem Grund wird die Karte „der Einsiedler" genannt. Die Schlange bedeutet auch die flüssige Essenz des Lichtes, welches das Leben des Universums ist. In dieser Karte sind Hinweise auf die Legende der Persephone. Der Schlangenstab – als aus dem Abyss wachsend gesehen – ist der Merkurstab, der Führer der Seele durch die niederen Regionen. Der Buchstabe Jod bedeutet „eine Hand" und die Hand ist das Zentrum des Bildes.

X. Glück

Durch die Zuordnung dieser Karte zum Planeten Jupiter repräsentiert sie das Universum in seinem Aspekt des kontinuierlichen Wechsels. Die Darstellung aller Arten himmlischer Phänomene betont dies. In der Mitte ist das Rad mit den zehn Speichen, das Symbol des Glücks. Die drei Figuren auf dem Rad symbolisieren die im Hindu-System durch den Ausdruck „Gunas" dargestellten drei Formen der Energie. Oben sitzt die schwertbewehrte Sphinx, Intelligenz und Balance repräsentierend (Sattvas). Hermanubis in der Form eines Affen repräsentiert die Rastlosigkeit der brillanten instabilen Vernunft (Rajas); und am Boden, fast vom Rad fallend, ist der reptilköpfige Typhon (Tamas), das Symbol der Zerstörung, Trägheit und Unwissenheit. Die alchemistischen Entsprechungen der Gunas sind Schwefel, Quecksilber und Salz. Hier haben wir die Implikation, welche auf all diesen Karten gefunden wird, die in allen Umständen enthaltene Möglichkeit der Regeneration. Denn Typhon hält das Ankh der Erlösung mit der einen Hand und in der anderen den Haken, mit welchem er die Seele ergreift.

XI. Lust

Diese Karte wurde früher „Stärke" genannt. Sie bedeutet Freude im Begehren. Der Löwe hat sieben Köpfe, ein Engel, ein Heiliger, ein Poet, ein Krieger, eine Ehebrecherin, ein Satyr und eine Löwenschlange. Die Frau hat sich den Kräften des Lebens hingegeben. Sie hält den Kelch oder befruchteten Bauch, über ihm das Emblem des neuen Lichtes. Die umrundenden Hörner, welche Schlangen sind, repräsentieren das männliche Element. Die Figuren unter den Füßen des Löwen sind die Märtyrer, für welche dieser Pfad der Vereinigung ein leerer Traum ist. Die von der Frau gehaltenen Zügel sind die Leidenschaften, welche sie mit dem Tier vereinigt. Die Karte repräsentiert in Freude ausgeübte Stärke. Die zentrale Figur ist die Frau, welche sich mit allen Schöpfungskräften umgeben hat und breitbeinig auf dem Tier reitet. Der Kelch in ihrer rechten Hand ist mit Liebe und Tod entflammt. In ihm sind die Sakramente des Äons vermengt. Das ganze Leben der blutlosen Figuren der Heiligen im Hintergrund ist in dem „Heiligen Gral" absorbiert.

XII. Der Gehängte

Die Stellung des ertränkten oder gehängten Mannes ist von größter Bedeutung. Die Füße sind gekreuzt, sodass der rechte Fuß einen rechten Winkel mit dem linken bildet, und die Arme sind zu einem Winkel von 60 Grad ausgestreckt, um so ein gleichseitiges Dreieck zu bilden. Dies ergibt das Symbol des vom Kreuz gekrönten Dreiecks, welches das Absteigen des Lichtes in die Dunkelheit, um diese zu erlösen, repräsentiert. Die ganze Idee des Opfers ist ein Missverständnis der Natur, und das Element des Wassers, welches dieser Karte zugeordnet ist, ist das Element der Illusion. Die Figur ist Osiris oder Christus und zeigt Erlösung durch Leiden. Er ist in den Wassern des Leidens ertränkt, sein Fuß ist an das Ankh der Unsterblichkeit durch die Schlange, die alle Wechsel bringt, Schöpfer und Zerstörer, gebunden.

XIII. Der Tod

Die Karte bedeutet Erlösung durch Zersetzung oder Verwesung. Der Same im Boden verrottet, aber er erhebt sich wieder zu neuem Leben. Der Tod, gekrönt mit dem Kopfschmuck des Osiris, wirbelt mit seiner Sichel die reinkarnierenden Blasen des Lebens auf. Hinter ihm ist der Adler, Symbol der Unsterblichkeit und unter ihm sind die embryonischen Amöben. Der alchemistische Sinn des Todes ist nicht so sehr Zerstörung, sondern Wechsel. So haben wir in dieser Karte den Skorpion, die primitive Energie, der Legende nach immer bereit, Selbstmord zu begehen, wenn er schwer bedrängt ist. Aber auch darauf vorbereitet, jede Transformation zu unternehmen, welche eine Fortsetzung seiner Existenz in einer unterschiedlichen Form erlaubt. Der abgebildete Fisch und die Schlange waren Objekte der Anbetung in Kulten, welche die Wiedergeburt oder Reinkarnation lehrten. Die zentrale Figur führt den Tanz des Todes aus. Skelett und Sichel sind saturnische Symbole. Der Einfluss des Saturn ist im negativen Aspekt des Todes ausgedrückt, die grundlegenden Formen darstellend, welche durch die gewöhnlichen Wechsel der Natur nicht zerstört werden. Der höchste Aspekt der Karte ist der Adler, der Erhöhung über starre Materie bedeutet.

XIV. Kunst

Das höchste Ziel der Alchemie war das Bewirken des Wechsels, die Transmutation der Objekte, Qualitäten, Farben usw. in ihr Gegenteil. So ist in dieser Karte der rote Löwe weiß und der weiße Adler rot geworden. In der Hauptfigur sind die schwarze und weiße Person, die „die Liebenden" in Karte VI waren, jetzt vertauscht und in eine androgyne Figur verschmolzen. Dies ist die Durchführung der königlichen Hochzeit. Der Regenbogen symbolisiert durch die Aura der aus der Verwesung aufsteigenden vielfarbigen Lichter eine andere Stufe des alchemistischen Prozesses. Die Zersetzung selbst ist durch den Raben auf einem Schädel am Kessel gezeigt. Die Durchführung der ganzen Kunst der Alchemie ist in dem Strahlenkranz mit seiner Inschrift „visita interiora terrae rectificando inventies occultem lapidem" offenbart. Der Rat, das Innere der Erde zu besuchen, ist eine Wiederholung der ersten Formel auf einer höheren Ebene. Das wichtigste Wort ist „rectificando". Es impliziert die richtige Führung der neuen lebenden Substanz im Pfad des Wahren Willens. Dies ist die zweite alchemistische Karte. Sie zeigt die Zerstörung der zwei Elemente bei der Geburt eines Dritten.

XV. Der Teufel

Der Teufel ist hier in der traditionellen Form des Bockes dargestellt. Der Kult des Bockes repräsentiert den Impuls zu rücksichtsloser Schöpfung ohne Rücksicht auf das Resultat. Diese Rücksichtslosigkeit wird durch das bacchanalische Büschel Weintrauben betont. Hinter dem Bock steht der Baum des Lebens, welcher den Himmel in einem Gemisch phantastischer Formen durchbohrt, die an das Zeichen des Planeten Mars erinnern, der immer mit der feurigen, materiellen Energie der Schöpfung verbunden ist. In den transparenten Wurzeln ist der Lebenssaft zu sehen, in jede Richtung sprudelnd und springend. Der Ring an der Spitze ist der Körper von Nuit, der ägyptischen Himmelsgöttin, oder einer der Ringe von Saturn oder Seth. Die Spiralform der Hörner des Bockes ist ein Hinweis auf die höchsten und entferntesten Dinge. Sie repräsentieren die Spiralkraft der Natur, zügellose

Schöpfung. Zoroaster definiert Gott als spiralförmige Kraft. Die Karte wird durch Steinbock regiert. Auf der Stirn des Bockes ist das Auge Gottes oder Shivas. Unter ihm sind seine Verehrer in zwei geteilten Zellen, die Doktrin, dass alle Teilung Sünde ist, darstellend. Vor dem Bock ist der Caduceus, das Symbol schöpferischer Energie.

XVI. Der Turm

Diese Karte ist dem hebräischen Buchstaben „Pe", welcher „ein Mund" bedeutet, zugeordnet. Die Karte, welche zwei Interpretationen in einer darstellt, ist eine Demonstration der reinen Zerstörung in ihrer rohesten Form: die Zerstörung des alten Äons durch Blitze, Flammen und Kriegsmaschinen. Die andere Interpretation ist vom Shiva-Kult abgeleitet. An der Spitze der Karte erscheint das Auge von Shiva. Danach repräsentiert die Karte die Vervollkommnung der Auflösung durch Befreiung aus dem Gefängnis organisierten Lebens. Die Taube und die Schlange repräsentieren die weiblichen und männlichen Impulse, was in der Sprache Schopenhauers „der Wille zu leben und der Wille zu sterben" ist. Die vom Turm fallenden Figuren sind aus Kohlekristallen gemacht. Die Schlange rechts ist passive Resignation zum Tod.

XVII. Der Stern

In dieser Karte ist jede Form der Energie spiralförmig. Dies ist eine Vorwegnahme des gegenwärtigen Äons des Horus, des gekrönten und erobernden Kindes, Nachfolger des sterbenden Gottes Osiris. Das vergehende Äon ist in den geradlinigen Formen der Energie, die von dem unteren Kelch ausgeht, symbolisiert. Diese Formen stehen für die jetzt aufgegebene euklidische Geometrie, was auch für die Figur der Göttin Nuit, die normalerweise als der umrundende Raum des Himmels dargestellt wird, gilt. Die Karte ist auf dem Design einer Spirale aufgebaut, um die aufsteigende Kraft des neuen Zeitalters zu zeigen. Die Frau hält zwei Kelche, welche die Nord- und Südpole der magnetischen Anziehung symbolisieren. Über ihr steigt ein neuer Stern auf. Unter ihr sind die kristallisierten Dogmen der früheren Zeitalter.

XVIII. Der Mond

Diese Karte repräsentiert die Ebene des unreinen Horrors. Verborgene Dunkelheit, welche überwunden werden muss, bevor das Licht wiedergeboren werden kann. Der Mond ist daher der universellste der Planeten, sowohl am höchsten als auch am niedrigsten teilnehmend. Am Boden der Karte zieht der heilige Käfer (Kephra) die Sonne durch die Dunkelheit der Nacht. Oben ist die abstoßende Landschaft des Mondes. Ein Strom oder Pfad – blutgefärbtes Serum – fließt zwischen zwei wüsten, unfruchtbaren Bergen. Auf den Hügeln sind dunkle, sinistre Türme. Auf der Schwelle steht der schakalköpfige Gott Anubis in doppelter Form. Zu seinen Füßen die Schakale, die darauf warten, jene, die vom Weg abgekommen sind, zu verschlingen. Durch Zauberei und Hexenkraft ist es möglich, ein Verständnis des Universums zu bekommen. Aber dieser Pfad ist gefährlich. Das Design der Karte ist nach der Bewegung der Gezeiten gestaltet, deren Ebbe und Flut durch den Mond regiert wird.

XIX. Die Sonne

Diese Karte repräsentiert Heru-Ra-Ha, den Herrn des „Neuen Äons", den Herrn von Licht, Leben, Freiheit und Liebe. Sie stellt somit die vollständige Emanzipation der Menschheit dar. Der grüne Hügel repräsentiert die fruchtbare Erde, aber die Anwesenheit einer Mauer zeigt, dass das „Neue Äon" nicht Abwesenheit von Kontrolle bedeutet. Die Zwillingskinder sind als außerhalb der Mauer tanzend dargestellt, weil sie die neue Stufe in der menschlichen Geschichte zeigen, die Stufe der vollständigen Freiheit von den durch Ideen wie Sünde und Tod eingeführten Begrenzungen. Die Karte zeigt die einfache menschliche Näherung an die Mysterien. Die Kinder sind durch die Zeichen des Tierkreises umrundet, der die unterschiedlichen Häuser, durch welche die Sonne zieht, darstellt.

XX. Das Äon

Die Karte ist mit dem Körper von Nuit, der Sterngöttin, umgürtet, was unbegrenzte Möglichkeiten repräsentiert. Sie umrundet den Globus aus Feuer, der für ihren Gatten Hadit, die ewige Energie, steht. In der Mitte sitzt ihr Kind Horus, eine Solar-Gottheit, welche die Inkarnation des „Neuen Äons" ist. Die linke Hand ausgestreckt und leer erinnert uns daran, dass der Gott das alte Universum zerstört hat, aber noch zu jung ist, seinen Nachfolger zu formen. Am Boden der Karte erscheint der hebräische Buchstabe Schin – dieser Karte zugeordnet – in einer Form, die eine Blume andeutet. Die drei Jods sind von drei menschlichen Figuren besetzt, welche aufsteigen, um an der Essenz des „Neuen Äons" teilzunehmen. Hadit wird durch den geflügelten Punkt, den Feuerglobus, dargestellt, um seine Kraft des Gehens zu zeigen.

XXI. Das Universum

Die Karte ist dem hebräischen Buchstaben Tau zugeordnet. Zusammen mit der ersten Karte, „der Narr", ergibt sich das Wort Ath, was Essenz bedeutet. So ist alle Realität umfasst, von welcher diese zwei Karten der Beginn und das Ende sind. Der Buchstabe Tau symbolisiert eine 4-fache Ausdehnung, anwendbar auf die Transzendenz von Raum und Zeit durch einen kontinuierlichen, sich selbst kompensierenden Wechsel.

Der Buchstabe ist ferner Saturn, dem langsamsten der sieben Planeten der Alten zugeordnet und deswegen mit dem Element Erde verbunden. Saturn ist der alte Gott der Fruchtbarkeit. Die Anwesenheit des Buchstabens Tau auf dem Baum des Lebens bedeutet einen Status des Gleichgewichts zwischen Wechsel und Stabilität. Die Glyphe auf der Karte symbolisiert daher die Vervollständigung des Großen Werkes.

Das Abbild des Universums ist eine Frau, der letzte Buchstabe des Tetragrammaton, He, die Prinzessin. Sie ist dargestellt als tanzend mit der großen, spiralförmigen Schlange oder Sonne. Um sie ist eine Ellipse, zusammengesetzt aus 72 Kreisen für die Quinarien, die 5-Grad-

Einheiten des Tierkreises. An den Ecken der Karte sind die vier Cherubim, das etablierte Universum zeigend. Im Zentrum ist das Rad des Lebens, die Form des Baumes des Lebens imitierend, welches nur für jene, die reinen Herzens sind, sichtbar ist. Im unteren Teil der Karte ist J.W.N. Sullivans gut bekannte Zeichnung der chemischen Elemente. Die Frau hält den Mond in ihrer Hand, und die Sonne ist im Auge Gottes aufgegangen. Diese zwei Gestirne zeigen die positiven und negativen Kräfte. Hinter ihr ist ein Möbius-Körper, um sie herum sind die Sterne des Tierkreises.

Das Auslegen der Karten

5

*Ich bin zwar Geburtshelfer,
kann aber selber nicht gebären.
Ich helfe anderen zur Weisheit,
aber ich selbst habe keine.*
Sokrates

Die Arbeit mit dem Tarot findet gewöhnlich durch das Kartenlegen statt. Die Karten werden nach einem bestimmten Muster verteilt und angeordnet und dann gedeutet. Wie das geschieht, wird im Folgenden in allen Einzelheiten erklärt.

Vor dem Kartenlegen sollten Sie sich durch ruhiges, gleichmäßiges und rhythmisches Atmen körperlich und geistig lockern. Konzentrieren Sie sich, machen Sie sich empfänglich für die Einflüsse der Karten. Bevor Sie mit der Divination beginnen, sollten Sie festlegen, nach welcher Methode Sie legen, wie Sie die Karten auswählen wollen, und auch über die Deutungsmethode sollte keine Unklarheit mehr herrschen. Das Kartenlegen besteht aus vier Teilen:
- Das Mischen oder Kontaktieren der Karten
- Die Auswahl der Karten
- Das Auslegen der Karten
- Die Deutung

5.1 Das Mischen der Karten

Das Mischen der Karten verfolgt einen doppelten Zweck. Zum einen soll ein enger Kontakt zwischen dem Mischenden und den Karten hergestellt werden, zum anderen sollen die Karten in die richtige, d.h. die für die Beantwortung der Frage notwendige Reihenfolge gebracht werden.

Damit dieser Zweck erfüllt werden kann, mischt der Fragende die Karten wie normale Spielkarten, während er sich ruhig auf die Frage konzentriert.

Die Frage sollte vor Beginn des Mischens schriftlich fixiert werden. Noch besser ist es, wenn man eine kurze Niederschrift über die Implikationen der Frage anfertigt, d.h. die Ereignisse, die zu der Frage geführt haben, mögliche Verhaltensweisen und Entwicklungen, sowie eine kurze Beschreibung der beteiligten Personen notiert. Der Vorteil dieses Verfahrens ist, dass die Frage mit Ihrem Ereignisumfeld dadurch sehr viel schärfer und klarer im Bewusstsein vorhanden ist.

Wer für andere Personen die Karten legt, mischt selbst und lässt die andere(n) Person(en), während diese sich in die Frage und die Karten einfühlen, je einmal abheben.

5.2 Die Auswahl der Karten

Es gibt mehrere Methoden, von denen ich die drei wichtigsten anführe.

In der gemischten Reihenfolge vorgehen

Bei dieser Methode werden die Karten nach dem Mischen und eventuellen Abheben von oben nach unten dem Stapel entnommen.

Nach Zahlen auswählen

Man wählt eine Zahl zwischen 1 und 78 nach welcher die Karten abgezählt werden. Die der Zahl entsprechende Karte wird ausgelegt. Die Zahl kann nach verschiedenen Verfahren festgelegt werden. Wenn z. B. die Zahl 7 eng mit der Frage verbunden ist, so wählt man jede siebte Karte, ist der Stapel durchgezählt, ohne dass das Legen beendet ist, so fängt man wieder von vorn an. Genauso könnte man eine persönliche Glückszahl nehmen oder die Zahl, welche der Anzahl der zu legenden Karten entspricht usw. Welche Zahl die richtige ist, kann man nach seinem Gefühl (Intuition) entscheiden, man kann auch durch Ziehen einer Karte die Tarotkarten nach ihrer Meinung zu der gewählten Methode befragen. Eine andere Möglichkeit ist es, dass der Fragende vor dem Auswählen einer Karte jedes Mal spontan eine Zahl nennt (ist die genannte Zahl zu hoch, kann man die Quersumme nehmen).

Die Karten erfühlen

Die Karten werden ausgebreitet (Rückseite nach oben) und der Fragende wählt die Karten aus. Es ist hierbei gewöhnlich günstig, die Augen zu schließen und sich ganz auf das Gefühl in den Fingern zu konzentrieren, während diese leicht über die Karten fahren, bis man das Gefühl hat, die richtige Karte zu haben.

5.3 Das Auslegen der Karten

Man kann entweder erst die Auswahl abschließen und dann auslegen oder die ausgewählte Karte direkt auslegen.

Der Kern aller Tarotbefragung sind die Trümpfe. Sind in einem gelegten Blatt keine Trümpfe vorhanden, kann es keine präzise Antwort geben. Die kleinen Arkana können die Aussagen der Trümpfe nur ergänzen.

Das Tarot ist wie eine Person und jede Person hat einen eigenen Willen, auch diese. Wenn unter den ersten vier ausgelegten Karten kein Trumpf ist, dann ist das Tarot nicht bereit zum gegenwärtigen Zeitpunkt der fragenden Person die gestellte Frage zu beantworten. Das Verfahren sollte sofort abgebrochen werden, denn die Ergebnisse würden ein reines Zufallsprodukt ohne Erkenntniswert sein.

In diesem Fall geben die vier ausgelegten Karten einen Hinweis darauf, was geändert werden muss. Das könnte sein:
- der Zeitpunkt der Fragestellung,
- die fragende Person oder
- die Frage selbst.

Der Hinweis, welcher aus den vier ausgelegten Karten interpretiert wird, sollte kurz schriftlich fixiert werden. Danach wählt man solange nach der festgelegten Methode weiter Karten aus, bis ein Trumpf erscheint. Die Anzahl der Karten bis zum Trumpf und der Trumpf selbst werden die Interpretation bewerten und vielleicht weitere Hinweise geben.

Ein erneutes Kartenlegen ist dann von der Art des Hinweises abhängig zu machen.

5.4 Legemethoden

Die verschiedenen Legemethoden ordne ich im Folgenden nach der Anzahl der auszulegenden Karten. Je mehr Karten ausgelegt werden, desto genauer ist die Aussage. Dies ist aber davon abhängig, wie gut Sie die Karten kennen. Wenn Sie Anfänger sind, hat es wenig Sinn, umfangreiche Legemethoden zu wählen, denn Sie würden nur ständig in den Deutungen der Einzelkarten nachlesen und der Zusammenhang würde Ihnen verloren gehen. Wählen Sie immer nur Methoden mit soviel Karten, dass Sie die Bedeutung aller gelegten Karten im Kopf behalten können.

Ein anderes Auswahlkriterium kann die reine Zahl der auszulegenden Karten geben. Jede Zahl hat eine Bedeutung, wie die Kabbalisten wissen. Wenn man feststellt, dass z.B. die Zahl 31 eine enge Beziehung zu der zu stellenden Frage hat, ist es sicherlich sinnvoll, eine Legemethode zu wählen, bei welcher 31 Karten ausgelegt werden oder eine Methode, welche eine enge Beziehung zu der Zahl 31 hat. Wenn es eine solche Legemethode noch nicht gibt, so erfinden Sie eine. Jede Legemethode ist richtig, Sie müssen sich nur vorher darüber klar werden, wie Sie legen und wie die gelegten Karten gedeutet werden sollen. Erfinden Sie einfach Ihre eigene Methode.

5.4.1 Das Legen mit 1 bis 5 Karten

Das Legen mit einer Karte ist oft zu ungenau, aber manchmal liefert es den entscheidenden Hinweis in reiner klarer Form, ohne dass man durch andere Karten verwirrt würde.

Methoden mit wenigen Karten sind besonders geeignet, wenn Sie nur einen kurzen knappen Hinweis haben wollen oder wenig Zeit haben. Aber auch, wenn Ihnen bei einer anderen Methode des Kartenlegens irgendeine Deutung unklar ist, kann zur Ergänzung diese Methode angewendet werden.

Der Kern jeder Deutung sind die Trümpfe. Wenn es sich um eine wichtige Frage handelt befragen Sie die Trümpfe, d.h. sortieren Sie die Trümpfe aus und ziehen eine Karte aus diesem Stapel.

Zur Deutung braucht nichts weiter gesagt werden, da die Deutung eben die Bedeutung der gezogenen Karte ist.

Die Methode kann beliebig, z.B. auf drei oder vier Karten, erweitert werden. Ich lege gern den ersten gezogenen Trumpf ins Zentrum, dann drei Karten im Dreieck um den Trumpf herum und bevorzuge die Deutung, dass der Trumpf (Mitte) die Hauptantwort, die erste Karte (unten links) Feuer ist, während die beiden anderen Karten (unten rechts und oben) die Stellen Wasser und Luft darstellen. Es ergibt sich dann gewöhnlich sehr schnell, dass eine der Triaden, wie sie in der Tabelle der Elemente dargestellt sind, die Grundlage zur Deutung der drei Karten bilden muss. Durch die Elementarzuordnung der Plätze zeigt sich auch sehr deutlich, welche der drei Karten gut oder schlecht gelegen ist. Die Triade kann dann sehr präzise die Kernaussage des Trumpfs ergänzen.

Es gibt noch sehr viel mehr Möglichkeiten der Deutung. Man sollte sich einfach die Frage stellen, was die drei wichtigsten Aspekte der benötigten Antwort sind, und diese dann den drei Karten triadisch zuordnen. Ist irgend etwas unklar, so kann man jede dieser drei Karten wieder zur ersten einer weiteren Auslegung machen, d.h. zwei weitere Karten zur Differenzierung dazulegen.

Die Methode ist unschlagbar, wenn es darum geht, schnell einen Hinweis für die richtige Richtung zu bekommen oder die Deutung einer anderen Legemethode zu differenzieren.

Die Methode kann auf fünf Karten erweitert werden, indem man um die Trumpfkarte herum vier Elementplätze, für jedes Element einen, anordnet. Auch in diesem Fall versucht man zuerst, eine zusammenhängende Triade für die Deutung zu finden, und ergänzt diese dann um einen passenden Begriff für das Erdelement, welches sich ja immer direkt auf den Fragenden in seiner Lebenswelt bezieht.

5.4.2 Das Legen mit 10 Karten

Wir wählen hier eine klassische Legemethode, das keltische Kreuz. Legen Sie die Karten nach folgendem Diagramm aus:

Die Bedeutung der Karten ist:
1. Worum es geht, die Frage, die Ausgangssituation
2. Was auf diese Situation einwirkt, förderliche oder hinderliche Impulse
3. Das bewusst Erkannte
4. Das unbewusst Gefühlte
5. Die Vergangenheit

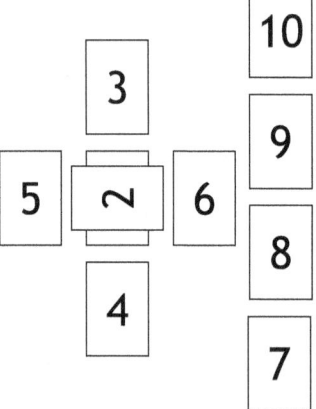

6. Die Zukunft
7. Der Fragende, Ihre Einstellung zu der Angelegenheit
8. Die anderen, die Einstellung anderer Menschen zu der Angelegenheit
9. Ihre Hoffnungen und Ängste
10. Der Ausgang der Angelegenheit

5.4.3 Das Legen mit 15 Karten

Diese Legemethode eignet sich für alle Arten von Fragen sehr gut. Sie ist meine bevorzugte Standardlegemethode, weil sie sehr differenzierte Aussagen ohne allzu großen Aufwand und ohne übermäßige Kompliziertheit erlaubt, denn die Deutung erfolgt über mehrere kleine Gruppen. Diese Gruppen bestehen aus drei Karten (evtl. eine mit sechs Karten). Dadurch kann jeder, der mit der 3er Methode vertraut ist, problemlos zu der vorliegenden übergehen. Weiterhin erhält der Fragende eine Antwort, die verschiedene Arten des eigenen Handelns als Voraussetzung verschiedener Zukunftsmöglichkeiten erkennen lassen.

- Während des Mischens soll Ihr Geist ruhig und klar sein.
- Konzentrieren Sie sich auf die Frage.
- Legen Sie die 15 Karten in der Reihenfolge, die auf dem folgenden Diagramm vorgegeben ist. Zuerst legen sie alle Karten beiseite, bis ein Trumpf kommt – dran denken: das darf höchstens die vierte Karte sein. Sie haben die erste Karte, die auf den Feuerplatz 1-F gelegt wird. Dann legen Sie eine Karte beiseite und legen die zweite Karte aus (2-W), dann zwei Karten beiseite und die dritte Karte auslegen (3-L). Fahren Sie so fort: an einer Feuerstelle legen Sie die nächstfolgende Karte, an einer Wasserstelle eine beiseite und die nächste Karte auslegen, an einer Luftstelle zwei beiseite und die nächste Karte auslegen.

Die Karten haben folgende Bedeutung:
- **Karte 1**: Diese Karte ist immer eine Trumpfkarte und repräsentiert die Hauptantwort, d.h. die Tendenz des gesamten Blattes, bezogen auf die Gegenwart, d.h. auf die aktuelle gegenwärtige Situation.

Die Deutung muss mit der aktuellen gegenwärtigen Situation übereinstimmen.
- **Karten 2 + 3**: Sie ergänzen und präzisieren die Karte 1. Diese ersten drei Karten müssen so gedeutet werden, dass sie mit der aktuellen Situation übereinstimmen. Sie bestimmen die Tendenz der Deutung der anderen Karten. Nur dadurch ist die Deutung der Willkür der Interpretationen entzogen und kann pragmatisch wertvoll sein.
- **Die oberen Dreiergruppen**: Die Karten oben rechts und links zeigen zwei Potentiale für die Zukunft, zwei mögliche Ziele und damit zwei mögliche Wege. Diese Wege können sequentiell, parallel oder alternativ sein, d.h. sie können nacheinander zu verfolgende Ziele sein, gleichzeitig zu verfolgende Ziele sein oder einander ausschließen und somit eine Wahl erfordern.
- **Karten 10, 11, 12 (unten links)**: Diese Karten helfen dem Fragenden bei jeder nötigen Entscheidung. Sie zeigen die pragmatischen Ziele, Mittel oder Ressourcen, die für die Verfolgung der oberen Wege oder für die Entscheidungen über diese Wege relevant sind. Sie sagen dem Fragenden, wie er handeln kann.
- **Karten 13, 14, 15 (unten rechts)**: Diese Karten zeigen Kräfte, welche jenseits der Kontrolle des Fragenden operieren, Schicksal oder Karma, denen man sich anpassen muss.

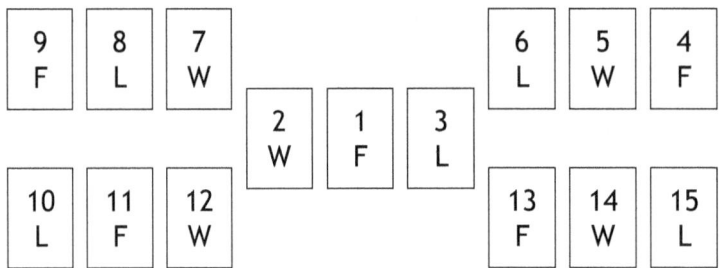

Die Deutung des Blattes

6

*Man braucht ein ganzes Dorf, um ein
einziges Kind zu erziehen.*
Afrikanisches Sprichwort

Die Deutung des Blattes

Das folgende Deutungsschema ist auf alle Legemethoden anwendbar. Es enthält Punkte, die nur für Legemethoden mit vielen Karten zutreffen. Bei Legemethoden mit wenigen Karten werden die offensichtlich unanwendbaren Punkte weggelassen.

Nach dem Legen der Karten wird wie folgt verfahren:

1. Schließen Sie kurz die Augen und vergegenwärtigen sich noch einmal die Frage.
2. Lassen Sie – ohne sich auf Einzelheiten zu konzentrieren – das Gesamtbild auf sich wirken. Blicken Sie dabei nicht so sehr auf einzelne Karten, als mehr ins Leere – in Richtung der Karten.
3. Finden Sie intuitiv ein Wort, einen kurzen Satz oder ein Symbol, mit dem Sie die Tendenz des Gesamtbildes der ausgelegten Karten ausdrücken.
4. Prüfen Sie, welcher Kartentyp (s. Häufigkeitsverteilung) am häufigsten ist und fügen Sie diese Aussage der Tendenz hinzu.
5. Finden Sie für jede Kartengruppe je ein Wort, welches ihrer Aussage gerecht wird. Gehen Sie dabei nicht so sehr von den Einzelaussagen der Karten aus, sondern von dem intuitiven Eindruck der Gruppe.
6. Jetzt betrachten Sie die Trümpfe, sie sind der Kern der Mitteilung des Blattes. Betrachten Sie jeden einzelnen Trumpf für sich – es sind Individuen – und vergegenwärtigen Sie sich den Rat zu diesem Trumpf.
7. Jetzt versuchen Sie die erste Grobdeutung. Die Basis der Deutung sind die Trümpfe, die anderen Karten geben Erläuterungen zum Rat der Trümpfe.
8. Wenn Sie für einen anderen Anwesenden fragen, nehmen Sie eventuelle Einwände des Fragenden zur Kenntnis, verweisen aber darauf, dass dies die erste grobe Allgemeinaussage ist und die Einzelheiten folgen werden.
9. Jetzt sehen Sie sich zu jeder Gruppe die Einzelkarten an und verknüpfen ihre Aussage mit der Gruppenaussage aus Punkt Nr. 5. Bilden Sie die zweite – schon etwas feinere Aussage über das gesamte Kartenbild.

10. Erst wenn diese Schritte für alle Karten vorgenommen wurden, gehen Sie zu den Einzelaussagen – zu den genauen Ausdeutungen aller Karten und ihren Zusammenhängen – über.

6.1 Starke und Schwache Karten

Stark liegende Karten sind gewöhnlich gut, schwach liegende schlecht. Falls die Grundbedeutung der Karte negativ ist, ist es natürlich umgekehrt. Eine häufig benutzte Möglichkeit um zu erkennen, ob eine Karte ihre normale Bedeutung hat oder die umgekehrte, ist es, umgekehrt liegende Karten auch umgekehrt zu deuten. In diesem Fall ist eine Karte, die schwach aber richtig herum liegt, nicht umgekehrt zu deuten, sondern nur in der Form einer schwachen Wirkung.

Ob eine Karte stark oder schwach ist, hängt davon ab, mit welchen Karten sie zusammenliegt und, falls die Legemethode dies erlaubt, auf welchem Elementplatz sie liegt. Karten der gleichen Farbe auf jeder Seite verstärken die Wirkung der Karte. Karten von ihr feindlichen Farben auf jeder Seite schwächen die Karte. Fällt eine Karte zwischen zwei andere, welche einander konträr sind, wird sie davon nicht besonders berührt. Für den Elementplatz gilt entsprechend das Gleiche.

Folgende Farbkombinationen sind sich freundlich oder feindlich gesonnen:
- Stäbe sind den Kelchen feindlich.
- Schwerter sind den Scheiben feindlich.
- Schwerter sind den Kelchen und Stäben freundlich.
- Stäbe sind den Schwertern und Scheiben freundlich.

6.2 Häufigkeiten

- **Mehrheit von Stäben**: Energie, Streit, Innovation
- **Mehrheit von Kelchen**: Liebe, Freude und Vergnügen
- **Mehrheit von Schwertern**: Unannehmlichkeiten, Veränderungen, manchmal Krankheit oder sogar Tod
- **Mehrheit von Scheiben**: Geschäft, Geld, Besitz
- **Mehrheit von Assen**: Neuer Anfang, große Energie

- **Mehrheit von Trümpfen**: Höhere Kräfte jenseits der Kontrollmöglichkeit des Fragenden wirken auf die Angelegenheit.
- **Mehrheit von Bildkarten**: Soziale Fragen und Probleme, viele Intelligenzen
- **4 Asse**: Spontane Energien
- **3 Asse**: Erfolgreiche Ziele
- **4 Zweien**: Viele Gespräche
- **3 Zweien**: Reorganisation und Neubeginn einer Sache
- **4 Dreien**: Entschlossenheit und Entscheidungen
- **3 Dreien**: Täuschung, Unwahrhaftigkeit
- **4 Vieren**: Ruhe und Frieden
- **3 Vieren**: Arbeit
- **4 Fünfen**: Ordnung, Regelmäßigkeit
- **3 Fünfen**: Streitereien, Kämpfe
- **4 Sechsen**: Freude
- **3 Sechsen**: Erfolgreiches Handeln
- **4 Siebenen**: Enttäuschung
- **3 Siebenen**: Verhandlungen und Verträge
- **4 Achten**: Neuigkeiten
- **3 Achten**: Reisen
- **4 Neunen**: zusätzliche Verantwortung
- **3 Neunen**: Korrespondenz
- **4 Zehnen**: Besorgnis, Verantwortlichkeit
- **3 Zehnen**: Kaufen, Verkaufen, kommerzielle Transaktionen
- **4 Ritter**: schnelle Veränderungen
- **3 Ritter**: unerwartete Treffen
- **4 Königinnen**: Autorität und Einfluss
- **3 Königinnen**: einflussreiche Freunde
- **4 Prinzen**: Treffen mit Mächtigen/Großen
- **3 Prinzen**: Rang und Ehre
- **4 Prinzessinnen**: neue Ideen und Pläne
- **3 Prinzessinnen**: Gesellschaft von jungen Menschen

Die Deutung der Einzelkarten

Die Perfektion von Mitteln und die Verwirrung von Zielen scheinen ... unser Zeitalter zu charakterisieren.
Albert Einstein

Die folgenden Deutungen sind knapp, aber typisch.

Ich verwende im Folgenden den Begriff „Selbstvollendung". Er bedeutet: das, was Sie in Ihrem Leben erreichen möchten.

7.1 Trümpfe

0. Der Narr

Der Narr im höchsten Sinne ist derjenige, der den Weg des Tao geht – wie er gegangen sein will. In geistigen Angelegenheiten repräsentiert er Ideen, Gedanken und Spiritualität, das, was bestrebt ist, sich über das Materielle zu erheben. In materiellen Angelegenheiten kann er Narrheit, Überspanntheit und, wenn schlecht gelegen, sogar Geisteskrankheit anzeigen. Er ist zu ideal und unbeständig, um in materiellen Dingen allgemein gut zu sein. Er repräsentiert den ursprünglichen, kaum bemerkbaren plötzlichen Impuls aus einem unbekannten und unerwarteten Bereich.

> **Rat**
>
> Die alten Verhaltensgewohnheiten reichen nicht mehr, aber sie können überwunden werden. Nehmen Sie sich regelmäßig Zeit zur Besinnung, z.B. für leichte Meditationen und entwickeln Sie träumerisch sinnierend erfolgversprechende Visionen, Ideen, Ziele und Pläne.
>
> Sie sind zu wankelmütig. Einige Ihrer Überzeugungen sind problematisch, nicht direkt falsch, aber zu vage und unbeständig. Es ist notwendig diese Überzeugungen zu präzisieren und zu festigen.

I. Der Magier

Klugheit, Weisheit, Gewandtheit, Elastizität, Anpassung, Geschicklichkeit, List, Täuschung, Betrug, Diebstahl. Manchmal okkulte Weisheit oder Kraft zum Guten oder Bösen, je nach Lage, manchmal ein schneller Impuls, ein Geistesblitz. Er kann auch Botschaften, geschäftliche Transaktionen bzw. die Störung von Gelehrsamkeit und Verstand durch die vorliegende Angelegenheit bedeuten.

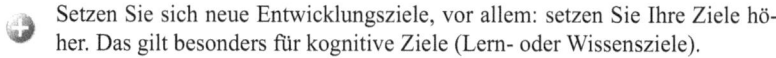

Rat

➕ Setzen Sie sich neue Entwicklungsziele, vor allem: setzen Sie Ihre Ziele höher. Das gilt besonders für kognitive Ziele (Lern- oder Wissensziele).

➖ Die Sache ist anders als sie scheint. Sammeln Sie mehr Informationen!

II. Die Hohepriesterin

Die Initiatrix. Reinheit, erhabener und gnädiger Einfluss kommt in die Angelegenheit. Deshalb Wechsel, Änderung, Zunahme und Abnahme, Schwankungen. Es besteht hier aber auch die Neigung, durch Begeisterung immer weiter geführt zu werden. Manch einer mag mondsüchtig werden, wenn die Balance nicht immer sorgfältig gewahrt wird.

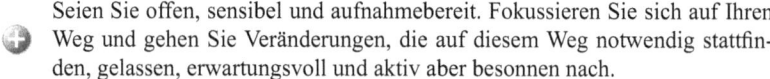

Rat

➕ Seien Sie offen, sensibel und aufnahmebereit. Fokussieren Sie sich auf Ihren Weg und gehen Sie Veränderungen, die auf diesem Weg notwendig stattfinden, gelassen, erwartungsvoll und aktiv aber besonnen nach.

➖ Sie sind in Gefahr, einen Irrweg zu beschreiten, nehmen Sie Rat und Hilfe an!

III. Die Kaiserin

Yin, die große Mutter. Liebe, Schönheit, Glückseligkeit, Freude, Erfolg, Vervollständigung, Glück, Gnade, Eleganz, Luxus, Trägheit, Verschwendung, Ausschweifung, Freundschaft, Güte, Entzücken.

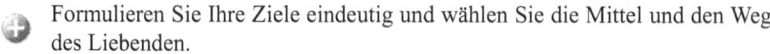

Rat

➕ Formulieren Sie Ihre Ziele eindeutig und wählen Sie die Mittel und den Weg des Liebenden.

➖ Eliminieren Sie Trägheit und Verschwendung von Ressourcen.

IV. Der Kaiser

Yang, der Vater. Selbstbewusstsein, Aktivität, Energie, Lebenskraft, Machtausübung, Krieg, Eroberung, Sieg, Ehrgeiz, Originalität, eingebildete Zuversicht und Größenwahn, Streit, Streitsüchtigkeit, Halsstarrigkeit, Unbesonnenheit, Voreiligkeit, Übellaunigkeit.

Die Deutung der Einzelkarten

Rat

 Der Künstler-Kämpfer! Seien Sie offen für Neues und handeln Sie energisch!

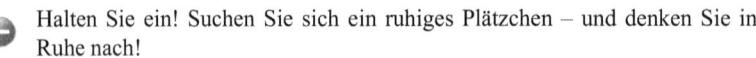 Halten Sie ein! Suchen Sie sich ein ruhiges Plätzchen – und denken Sie in Ruhe nach!

V. Der Hohepriester

Der Initiator. Unerbittliche Stärke, Ausdauer, Geduld, Ruhe, Offenbarung, Erklärung, Unterrichtung, Herzensgüte, Hilfe von Höheren, Organisation, Frieden, mühsame Arbeit, wenn schlecht gelegen evtl. der falsche Initiator (Guru, Prophet).

Rat

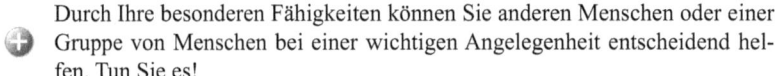 Durch Ihre besonderen Fähigkeiten können Sie anderen Menschen oder einer Gruppe von Menschen bei einer wichtigen Angelegenheit entscheidend helfen. Tun Sie es!

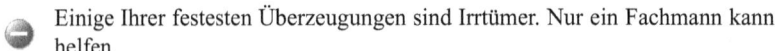 Einige Ihrer festesten Überzeugungen sind Irrtümer. Nur ein Fachmann kann helfen.

VI. Die Liebenden

Die Vereinigung der Gegensätze oder die Qual der Wahl. Offenheit für Eingebung, neue Einsichten, Hellsicht, Kindlichkeit, aber auch Leichtfertigkeit, Unentschlossenheit, Selbst-Widerspruch, Vereinigung mit anderen in oberflächlicher Art, Instabilität, Widerspruch, Plattheit, Bildungsstolz.

Rat

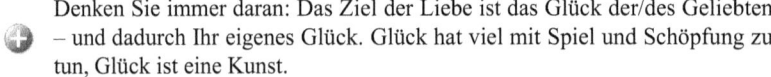 Denken Sie immer daran: Das Ziel der Liebe ist das Glück der/des Geliebten – und dadurch Ihr eigenes Glück. Glück hat viel mit Spiel und Schöpfung zu tun, Glück ist eine Kunst.

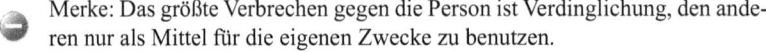 Merke: Das größte Verbrechen gegen die Person ist Verdinglichung, den anderen nur als Mittel für die eigenen Zwecke zu benutzen.

VII. Der Wagen

Emotionen im Positiven (Unternehmungsdrang, Dynamik) oder Negativen (Überdruss, Abneigung).
Triumph, Sieg, Hoffnung, Optimismus, Gedächtnis, Verdauung, Gehorsam, Treue, Autorität unter Autorität, gewaltsame Erhaltung traditioneller Ideen, der Reaktionär, Unbarmherzigkeit, Lust an der Zerstörung.

Rat

 Das Geheimnis der Selbstvollendung ist die Transformation von Wille in Motivation.

 Jede Emotion färbt Ihr Denken und Ihre Wahrnehmung. Schlechte Feelings machen auch leichte Taten zu großen Anstrengungen. Lassen Sie ihre Gefühle zu, aber dann schauen Sie diese genau an – und lassen Sie Ihr Handeln nicht nur von ihnen bestimmen.

VIII. Ausgleich

Gerechtigkeit, die Handlung des Ausgleichens (nicht nur zwischen Strenge und Gnade, denn jede Handlung findet ihr Echo. „Alles, was du tust, sollst du dreifach zurückbekommen", sagen die Hexen. Einstellung aller Handlung bis zur Entscheidung oder auch Beibehaltung des Status quo durch Unentschiedenheit. In materiellen Angelegenheiten kann es den Gang des Gesetzes (Prozess oder gerichtliche Verfolgung) bedeuten. Im sozialen Bereich Heirat oder Heiratsvereinbarung, im politischen Verträge, Verhandlungen.

Rat

 Weiter so. Sie werden es dreifach zurückbekommen!
 Möchten Sie wirklich dreifach zurückbekommen was Sie tun?

IX. Der Einsiedler

Prophetie, Kontakt zu höherem Bewusstsein. Erleuchtung/Wissen von innen/oben, geheimer Impuls von innen/oben, praktische Pläne werden entsprechend abgeleitet. Sich zurückziehen (freiwillig oder unfreiwillig) von der Teilnahme an den alltäglichen Ereignissen, Einsamkeit, Entfremdung, Illusion.

> **Rat**
>
> ⊕ Ihre Überzeugungen manifestieren sich in Ihren Handlungen. Setzen Sie also Ihre Erkenntnisse in Handlungen um!
>
> ⊖ Ihre Überzeugungen manifestieren sich in Ihren Handlungen. Was sind also Ihre Überzeugungen?

X. Glück

Wechsel des Glücks. Das bedeutet gewöhnlich Glück, da die Tatsache der Konsultation meist Besorgnis oder Unzufriedenheit beinhaltet. Aber, was dem einen sein Glück ist, ist dem anderen sein Unglück. Diese Karte meint eigentlich Zufall, wenn die Umstände geeignet sind, den glücklichen Zufall.

> **Rat**
>
> ⊕ Achten Sie sorgfältig auf die unerwarteten Ereignisse, die Ihnen begegnen werden – dann greifen Sie zu!
>
> ⊖ Wo keine aufnahmebereite Struktur vorhanden ist, verpufft auch der glücklichste Zufall zum Unglück.

XI. Lust

Die Lust am Spiel der Kräfte, die Beherrschung der Lebenskraft. Mut, Stärke, Energie und Aktivität, wenn schlecht gelegen Unkontrolliertheit und Machthunger. Die Anwendung von Magie und der Gebrauch magischer Kräfte, besonders die Nutzung tantrischer bzw. sexualmagischer Energien in magischen Operationen.

Rat

- Wenn Sie diese Karte bewältigen können – dann tun Sie, was sie rät!
- Diene!

XII. Der Gehängte

Das Gottesurteil (Botschaft aus einer anderen Wirklichkeit), die Hingabe an das Unausweichliche, erzwungenes Opfer, Strafe, Verlust, schicksalhaft oder freiwillig, Leiden, Niederlage, Misserfolg, Tod. Die Leiden dieser Karte bewirken gewöhnlich eine innere Wandlung oder Erlösung, Karma wird erfüllt, um für neue Höhen bereit zu sein.

Rat

 Das ist Ihr Weg. Es gibt keinen anderen. Es muss sein. Wolle diesen Weg. Amor fati!

 Jede Handlung hat Konsequenzen. Sie haben gesät, jetzt werden Sie ernten!

XIII. Der Tod

Der Herr des Tores zur anderen Welt, der Zeremonienmeister der Einweihung, die Transzendenz des Ego, aber manchmal nur durch den Zahn der Zeit. Transformation, Wechsel, freiwillig oder unfreiwillig, in jedem Fall die logische Entwicklung der existierenden Bedingungen, obgleich manchmal plötzlich und unerwartet. Offenbar scheint es Tod oder Zerstörung zu bedeuten, aber diese Interpretation ist eine Täuschung.

Rat

 Sie haben sich zu einem höheren Grad der Selbstvollendung bereit gemacht. Die Transformation beginnt. Gehen Sie mutig mit!

 Ein Rückfall. Sie verlieren den schon erreichten Entwicklungsstand. Aber was haben Sie anderes erwartet?

XIV. Kunst

Der Androgyn. Verbindung von Kräften (Yin und Yang, Sonne und Mond), Verwirklichung, Handlung, welche auf genauer Berechnung basiert. Der Weg des Entkommens, Erfolg nach sorgfältig ausgearbeiteten Manövern. Wenn schlecht gelegen, Stagnation, Verlust der Selbstkontrolle.

Rat

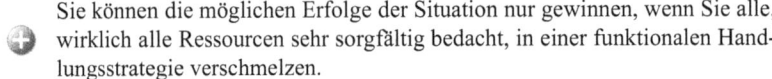
Sie können die möglichen Erfolge der Situation nur gewinnen, wenn Sie alle, wirklich alle Ressourcen sehr sorgfältig bedacht, in einer funktionalen Handlungsstrategie verschmelzen.

Sie tun zu wenig und überlassen sich zu sehr Ihren Emotionen, um Ihre Ziele erreichen zu können.

XV. Der Teufel

Blinder Impuls, unwiderstehlich stark und gewissenlos, Ehrgeiz, Ausdauer, harte Arbeit, Hartnäckigkeit, im Begriff sein, einen geheimen Plan durchzuführen, Egoismus, Besessenheit, Versuchung, Starrheit, Schmerz, Unzufriedenheit.

Rat

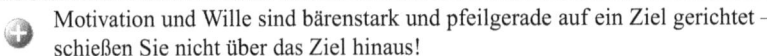
Motivation und Wille sind bärenstark und pfeilgerade auf ein Ziel gerichtet – schießen Sie nicht über das Ziel hinaus!

Fanatismus, insbesondere in trivial-alltäglichen Dingen, ist der sicherste Weg in den geistigen Tod!

XVI. Der Turm

Veränderung durch Konfrontation (schmerzhafte Befreiung) oder Missbrauch von Energien. Entkommen aus dem Gefängnis (Ausbruch aus einer Tunnel – Realität), Erkennen von Illusionen, Streit, Kampf, Gefahr, Ruin, Zerstörung von Plänen, plötzlicher Tod.

Rat

⊕ Sie haben Fiktionen, die Sie gefangen halten, erkannt. Aber Sie können dieser Tunnel-Realität nur entkommen, wenn Sie sich knallhart mit der Realität konfrontieren.

⊖ Falsche Überzeugungen werden, solange Sie überhaupt noch handeln, notwendig immer mit der Realität zusammenprallen. Je mehr Energien Sie in ihre Irrtümer investieren, desto schneller werden Sie sich ruinieren.

XVII. Der Stern

Hoffnung, unerwartete Hilfe, Klarheit der Vision (Voraussicht), Verwirklichung von Möglichkeiten (auch des inneren Potentials), geistige Einsicht. Wenn schlecht gelegen, falsche(s) Urteil(e), falsche Hoffnungen, Verträumtheit, Enttäuschung.

Rat

⊕ Geistesklarheit und Achtsamkeit sind der Schlüssel zum Erfolg.

⊖ Fromme Wünsche und heldenhafte Tagträume ändern gar nichts. Sie müssen handeln!

XVIII. Der Mond

„Die dunkelste Stunde vor der Morgendämmerung", die Grenze zu einem wichtigen Wechsel, aber auch die Illusion als Schattenseite der Magie. Illusion, Täuschung, Verwirrung, Hysterie, Geistesgestörtheit, Verträumtheit, Falschheit, Fehler, Irrtümer, Krise.

Rat

⊕ Sie haben die Talsohle durchschritten, es geht wieder aufwärts. Versuchen Sie Ihr nächstes Ziel zu erkennen, indem Sie den Weg in das Tal überdenken.

⊖ Selbst in Ihren Wünschen und Träumen verfolgen Sie die falschen Ziele auf die falsche Art. Wenn man das lange genug tut, merkt man es bald nicht mehr und verstrickt sich immer mehr im Netz der Illusionen. Auch eine Art scheinbar aus der Talsohle herauszukommen.

XIX. Die Sonne

Die Essenz unerschöpfliche Energie. Ruhm, Gewinn, Reichtum, Triumph, Freude, Freimut, Befreiung, Offenheit, Wahrheit, Offenbarung, Schamlosigkeit, Arroganz, Eitelkeit, Genesung von Krankheit, aber manchmal plötzlicher Tod.

> **Rat**
>
> Richtige Motivation ist die Quelle unerschöpflicher Energie. Sie können alles erreichen. Wählen Sie gut!
>
> Wohin wollen Sie mit Ihren Energien? Ihre Motivationsstrukturen führen bestenfalls zu Exzentrik und Überheblichkeit, erlauben keine substantiellen Fortschritte.

XX. Das Äon

Endgültige Entscheidung in Berücksichtigung des Vergangenen, Ende des Vergangenen (ein Ziel ist erreicht) – Beginn des Neuen (erster Erfolg), neuer Anlauf in Anbetracht der Zukunft, stellt immer das Annehmen eines bestimmten Schrittes dar.

> **Rat**
>
> Sie haben eine Teilstrecke Ihres Lebensweges abgeschlossen. Prüfen Sie jetzt genau Ihre Stärken und Schwächen und setzten Sie neue, höhere Ziele fest.
>
> Sie haben das Ende eines Weges erreicht. Jetzt müssen Sie neu entscheiden: Ein Ende mit Schrecken oder ein Schrecken ohne Ende? Leben oder Tod?

XXI. Das Universum

Die Kristallisation der ganzen Angelegenheit. Die Angelegenheit der Frage selbst, Synthese, Erfolg, Ganzheit/Einheit, das Ende der Angelegenheit. Es kann Geduld, Ausdauer und beharrliche Hartnäckigkeit in Schwierigkeiten, aber auch Verzögerung, Halsstarrigkeit, Starrheit, Trägheit und verpasste Chancen bedeuten.

Die Deutung der Einzelkarten

Rat

⊕ Ein wichtiger und entscheidender Schritt Ihres Lebensweges liegt vor Ihnen. Gehen Sie ihn mit der angemessenen Achtsamkeit. Geduld, Ausdauer und Zielstrebigkeit werden entscheidend sein.

⊖ Sie könnten jetzt einen wichtigen und entscheidenden Schritt Ihres Weges gehen. Aber Sie verzögern ihn durch starre Verhaltensgewohnheiten oder Trägheit. Aufpassen, sonst ist es bald eine verpasste Chance.

7.2 Bildkarten

- König/Ritter – ein Mann
- Königin – eine Frau
- Prinz – ein junger Mann
- Prinzessin – eine junge Frau
- Stäbe – eine hell- oder rothaarige Person
- Kelche – eine hell- bis mittelbraunhaarige Person
- Schwerter – eine dunkelhaarige Person
- Scheiben – eine schwarzhaarige Person

Es gibt Fälle, in denen eine Personenzuordnung offensichtlich nicht möglich ist.

Dann bedeutet der Ritter das Kommen oder Gehen einer Angelegenheit, Ankunft oder Abfahrt, je nachdem, in welche Richtung er blickt.

Die Prinzessinnen zeigen Meinungen, Gedanken oder Ideen, die entweder in Harmonie mit der Angelegenheit oder im Gegensatz dazu stehen.

Die Prinzen und Königinnen zeigen fast immer Personen.

Stäbe

König

Er repräsentiert den feurigen Teil des Feuers. Ein Mann, dessen Qualitäten Großzügigkeit, Aktivität, Ungestüm, Stolz, Durchsetzungsvermögen, Kreativität und Spontaneität umfassen. Ungeeignete Ziele beharrlich verfolgen. Wenn schlecht gelegen, ist er bösartig, grausam, blindgläubig und brutal.

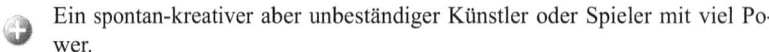 Ein spontan-kreativer aber unbeständiger Künstler oder Spieler mit viel Power.

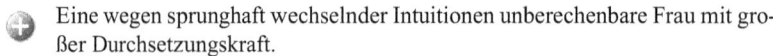 Von blinden Impulsen gepeitschter Chaot.

Königin

Repräsentiert den wässrigen Teil des Feuers. Eine unberechenbare, faszinierende Frau mit großer Anziehungskraft, schnell anpassungsfähig aber auch schnell widerstandsmotiviert, sprunghaft wechselnde Stimmungen, heftige Affekte, schnell wechselnde Ziele, aber auch ganz unerwartet die Fähigkeit, Ziele mit beharrlicher Energie durchzusetzen. Heftig in Liebe und Hass, aber immer eine Künstlerin, keine theoretischen Ambitionen. Sie macht nur, was sie selbst will und ist, wenn schlecht gelegen, einfältig, halsstarrig, rachsüchtig, herrisch und ohne vernünftigen Grund schnell beleidigt.

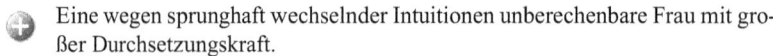 Eine wegen sprunghaft wechselnder Intuitionen unberechenbare Frau mit großer Durchsetzungskraft.

 Eine Frau, die zufällig wechselnde Ziele starrsinnig durchzusetzen versucht und überall Feinde erkennt.

Prinz

Repräsentiert den luftigen Teil des Feuers. Ein junger Mann, schnell und kraftvoll, impulsiv, gewaltsam, geradlinig, gerecht, edel und großzügig mit einem Sinn für Humor. Außerordentlich befähigt zur Selbstmotivation, kann sich sehr schnell und gründlich in irgendetwas hineinsteigern. Wenn schlecht gelegen, kann er stolz, intolerant, grausam, voreingenommen und möglicherweise feige sein.

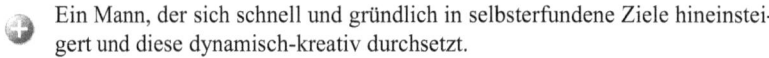 Ein Mann, der sich schnell und gründlich in selbsterfundene Ziele hineinsteigert und diese dynamisch-kreativ durchsetzt.

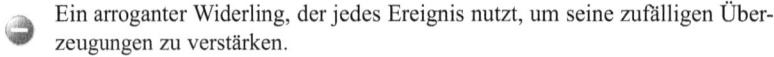 Ein arroganter Widerling, der jedes Ereignis nutzt, um seine zufälligen Überzeugungen zu verstärken.

Die Deutung der Einzelkarten

Prinzessin

Repräsentiert den erdigen Teil des Feuers. Eine individuelle, mutige und risikofreudige junge Künstlerin, brillant und verwegen mit viel Energie, spontan und gewaltsam in Liebe und Zorn, enthusiastisch. Wenn schlecht gelegen, oberflächlich, theatralisch, seicht und falsch, grausam, unzuverlässig, treulos und herrisch.

 Eine enthusiastische, kreative und unkonventionelle Künstlerin.

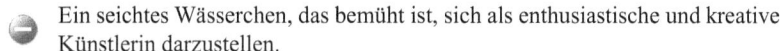 Ein seichtes Wässerchen, das bemüht ist, sich als enthusiastische und kreative Künstlerin darzustellen.

Kelche

König

Repräsentiert den feurigen Teil des Wassers. Ein Mann, welcher ein anmutiger, graziöser Dilletant mit poetischen Neigungen ist, auf passive Art freundlich, schnell auf Reize reagierend und leicht zu begeistern, passiv, wenn er nicht von außen stimuliert wird, dann jedoch beeinflussbar und enthusiastisch, ein romatischer Revolutionär ohne positive Ziele, außerordentlich empfindsam, aber mit nur wenig Charaktertiefe. Wenn schlecht gelegen, sinnlich und faul, unvertrauenswürdig, neigt zu Melancholie, Terrorismus und Drogenmissbrauch.

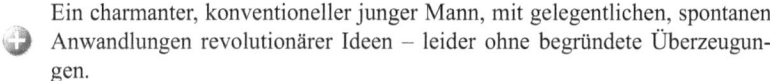 Ein charmanter, konventioneller junger Mann, mit gelegentlichen, spontanen Anwandlungen revolutionärer Ideen – leider ohne begründete Überzeugungen.

Ein sinnlicher Genießer, der auch außergewöhnliche Genüsse sucht.

Königin

Repräsentiert den wässrigen Teil des Wassers. Eine Frau, welche ihr Gegenüber reflektiert. Verträumt, ruhig, poetisch, phantasiereich, visionär, freundlich, obgleich nicht willens Ärger für einen anderen auf sich zu nehmen, egozentrisch. Diese Karte ist sehr von den sie umgebenden Einflüssen abhängig und wird daher von der guten oder schlechten Lage stärker beeinflusst als andere Karten.

Die Deutung der Einzelkarten

- ⊕ Eine etwas verträumte und unverbindliche, aber sehr freundliche und sensible Frau.
- ⊖ Ein passiv, mystifizierendes Medium.

Prinz

Repräsentiert den luftigen Teil des Wassers. Ein subtil – trickreicher Lebenskünstler, der weiß, was er will. Ein junger Mann, dessen Charakteristiken Spitzfindigkeit, subtile Argumentation, Geschicklichkeit und List sind. Ein Künstler, an der Oberfläche ruhig, aber darunter brodeln intensive Leidenschaften. Interessiert sich intensiv für Macht, Weisheit, Erkenntnis und seine eigenen selbstgesetzten Ziele, kann diese unbarmherzig durchsetzen. Wenn schlecht gelegen, kann er intensiv böse und gnadenlos mit eingebildetem Ehrgeiz sein.

- ⊕ Ein leidenschaftlich motivierter, nicht immer sehr rücksichtsvoller Forscher.
- ⊖ Ein gnadenloser subtiler Kämpfer.

Prinzessin

Repräsentiert den erdigen Teil des Wassers. Eine junge Frau, sehr konformistisch, unendlich großzügig, zu allen liebenswürdig, wollüstig, sanft, gütig, freundlich, romantisch und verträumt. Sie ist eher träge, jedoch einmal in Bewegung gesetzt, schreitet sie tapfer voran. Wenn schlecht gelegen, träge, selbstsüchtig und verschwenderisch.

- ⊕ Eine konformistische und liebenswürdige Frau.
- ⊖ Ein Konsumhase.

Schwerter

König

Repräsentiert den feurigen Teil der Luft. Ein aktiver Mann, geschickt und klug, hitzig, fein und mutig, aber oft ohne nachzudenken, ein echter Revolutionär. Wenn schlecht gelegen, ist er unfähig, einen Entschluss zu fassen, hinterlistig, tyrannisch und betrügerisch.

- ⊕ Ein Revolutionär, der weiß was er will, seine Aktionen aber nicht immer ausreichend durchdenkt.
- ⊖ Ein Purist, der sich gnadenlos durchsetzt, oft aber an seiner Plan- und Entschlusslosigkeit scheitert.

Königin

Repräsentiert den wässrigen Teil der Luft. Eine anmutige Frau, intensiv wahrnehmend, ein scharfer Beobachter, spitzfindiger Interpret, intensiver Individualist, zuversichtlich, gnädig und geradlinig, intuitiv, graziös und selbstbewusst, eher konservativ. Wenn schlecht gelegen, grausam, schlau und hinterlistig, unzuverlässig, was sie wegen ihrer oberflächlichen Schönheit und Anziehungskraft sehr gefährlich macht.

- ⊕ Eine aparte, scharfsinnige und präzise denkende Frau, nicht sehr kreativ und Veränderungen abgeneigt.
- ⊖ Eine listige und gewissenlose Verführerin.

Prinz

Repräsentiert den luftigen Teil der Luft. Ein junger, sehr intellektueller Mann voller Ideen und Pläne, talentiert und von intensiver Klugheit, aber unbeständig in den Absichten. Nicht zu fassender, elastischer Geist, welcher unterschiedliche und entgegengesetzte Meinungen unterstützt, herrisch. Er tötet (zerstört) oft genauso schnell, wie er schafft (aufbaut). Wenn schlecht gelegen, kann er schroff, heimtückisch, intrigant und unzuverlässig sein, ein Fanatiker.

- ⊕ Ein systematisch-logischer Denker, immer für Neues offen.
- ⊖ Ein hochintelligenter progressiver Fanatiker, der jedes Ereignis in seine Weltanschauung einzuweben versteht.

Prinzessin

Repräsentiert den erdigen Teil der Luft. Eine junge Frau von finsterem Ernst, rachsüchtig mit destruktiver Logik. Standhaft, bewusst und wach, kraftvoll und aggressiv mit großer praktischer Klugheit, Spitzfindig, gewandt in der geschickten Behandlung praktischer Angelegenheiten. Wenn schlecht gelegen, ist sie von niedriger Listigkeit (trickreich) und Leichtfertigkeit (Frivolität).

- ⊕ Eine humorlose, subtil um unbedingte Macht kämpfende Politikerin.
- ⊖ Eine trickreiche und leichtfertige Frau mit der Selbstdarstellung eines Vamp.

Scheiben

König

Repräsentiert den feurigen Teil der Erde. Ein Ehemann, geduldig, arbeitsam, geschickt und klug in materiellen Dingen, vielleicht etwas schwerfällig und mit seinen Gedanken nur bei materiellen Angelegenheiten. Wenn schlecht gelegen, habgierig, sklavisch, unfreundlich, unbedeutend, neidisch, eifersüchtig, geizig, monoton, misstrauisch und schwermütig.

- ⊕ Der evolutiv ideale Ehemann. Er verschafft seiner Familie alle notwendigen Ressourcen, ist auch Innovationen nicht prinzipiell abgeneigt.
- ⊖ Der Hausmacho.

Königin

Repräsentiert den wässrigen Teil der Erde. Eine in nützlichen Dingen ehrgeizige Frau mit den Tugenden der Hausfrau und Mutter, herzlich und freundlich, charmant, ängstlich, praktisch, ruhig und häuslich. Wenn schlecht gelegen, mechanisch, schwerfällig, untertänig, närrisch, kapriziös mit Neigung zu Ausschweifungen und schlechter Laune.

- ⊕ Die konservative und treue Mutter.
- ⊖ Die unzufriedene, keifende Hausfrau.

Prinz

Repräsentiert den luftigen Teil der Erde. Ein junger Mann, welcher mit großer Energie an praktische Angelegenheiten herangeht. Ein fähiger Manager, standfester Arbeiter, kompetent, zuverlässig, stark und praktisch. Erscheint vielleicht etwas schwerfällig, da er keine Anstrengungen unternimmt, Dinge zu verstehen, welche jenseits seines Gesichtskreises liegen. Abneigung gegen geistvolle und spirituelle Typen, schwer und nur langsam zu ärgern, aber dann unversöhnlich. Wenn schlecht gelegen, misstrauisch, egoistisch, beschränkt.

⊕ Der praktische Manager, bedacht auf den Erfolg des Ganzen.
⊖ Der karrieregeile, nur an seinen eigenen Vorteilen interessierte Manager.

Prinzessin

Repräsentiert den erdigen Teil der Erde. Eine junge, schöne und kraftvolle Frau, als wenn man ein geheimes Wunder erblickt, voller Leben. Sie ist großzügig, freundlich, fleißig, mildherzig, fruchtbar, warm, behütend. Wenn schlecht gelegen, kostspielig und verschwenderisch, in ständigem Kampf um ihre Ehre.

⊕ Der für eine bestimmte kulturelle Epoche paradigmatische Mensch.
⊖ Der für eine bestimmte kulturelle Epoche paradigmatische Widerling.

7.3 Zahlkarten

Stäbe

Ass

Die Wurzel der Kräfte des Feuers. Die sich in der Materie manifestierende uranfängliche Energie des Geistes in einem so frühen Stadium, dass sie noch nicht als zielgerichtet bestimmt werden kann. Das Ass ist sozusagen das Potential der Zehn.

Die Deutung der Einzelkarten

Energie, Stärke, Kraft, solar-phallischer Ausbruch von Flammen, Lebenskraft, Naturkraft im Gegensatz zu heraufbeschworener oder heraufgerufener Kraft, Spontaneität als Vorstufe von Intentionalität.

- ⊕ Spontaneität als dynamische Erregung zu schöpferischen und ästhetischen Ausdrucksformen
- ⊖ Spontaneität als Flatterhaftigkeit, von einer Idee zur anderen hüpfend.

2 Herrschaft

Feuer in seiner höchsten Form. Die Urform der gerichteten destruktiv-schöpferischen Energie als erster Schritt des schöpferischen Prozesses. Das Ideal. Herrschaft, weil Ideale immer auf Erfolg aus sind, unabhängig von speziellen Zwecken.

Harmonie von Legislative, Executive und Judikative. Einfluss auf einen anderen oder andere, Kühnheit, Mut, Ungestüm, Kampfgeist, Freiheitsdrang. Wenn schlecht gelegen, kann es Rastlosigkeit, Turbulenz, blinder Eifer, Jähzorn und Zerstörungswut sein.

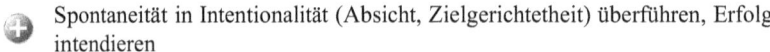
- ⊕ Spontaneität in Intentionalität (Absicht, Zielgerichtetheit) überführen, Erfolg intendieren
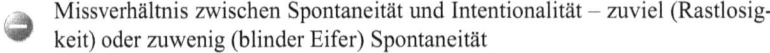
- ⊖ Missverhältnis zwischen Spontaneität und Intentionalität – zuviel (Rastlosigkeit) oder zuwenig (blinder Eifer) Spontaneität

3 Wert

Etablierte Stärke, Forschungs- und Entwicklungsdrang, Erfolg nach Anstrengung oder Voreiligkeit, Frühlingsanfang, Stolz oder Arroganz, Verwirklichung von Hoffnung, Adel oder Eigendünkel.

- ⊕ Die höchsten Werte sind das Schöne, das Gute und das Wahre – in dieser Reihenfolge.
- ⊖ Das schlimmste Verbrechen ist Verdinglichung, Menschen wie Dinge behandeln, Menschen als Mittel für die eigenen Zwecke benutzen.

4 Vervollständigung

Der ursprüngliche Wille ist erfüllt, es besteht jedoch keine Absicht, den ursprünglichen Willen zu erweitern, diese Begrenzung enthält

Die Deutung der Einzelkarten

den Keim zur Unordnung. Vervollständigung heißt hier einfach: der Zweifel ist in eine Überzeugung überführt – und damit ist das Thema erledigt. Da die Überzeugung aber nur eine subjektive, bestenfalls eine zeitweilige Wahrheit ist, sind die Widersprüche, welche zu neuem Zweifel oder Misserfolg führen, schon eingebaut.

Beispiel: Newtons Vollendung der Physik – auftretende Widersprüche – Einsteins neue Sicht der Physik.

Vollendete Arbeit, Etablierung, Vollendung nach viel Arbeit. Rast, Spitzfindigkeit, Geschicklichkeit. Schlussfolgerungen aus vorhergehendem Wissen. Wenn schlecht gelegen, Unzuverlässigkeit durch Überängstlichkeit und Schnelligkeit der Handlung.

⊕ Man weiß, was man wissen wollte, weiß aber auch, dass dieses Wissen fallibel ist. (Man hat erreicht, was man erreichen wollte, weiß aber auch, dass jeder Erfolg flüchtig ist)

⊖ Man verlässt sich unkritisch auf seine Überzeugungen und Erfolge.

5 Streit (Streben)

Eine reine, tätige Kraft, in welcher die Idee des Phönix enthalten ist (Nr. 4, der alte Phönix, Nr. 5 das Verbrennen, Nr. 6 das Wiedererstehen aus der Asche. Diese Idee ist aber als Ganze in der vorliegenden Karte enthalten, die Reinigung durch Feuer). Die Karte ist nur deshalb gut, weil die Autorität in ihr eher geistig ist. Der Zusammenprall mit der Realität stört die falschen Überzeugungen – alles, was kein zukünftiges Sein hat, wird eliminiert.

Streiten, Kämpfen, Streben, Wettbewerb, Grausamkeit, Gewalt, Lust, Gier und Verlangen. Je nach Lage auch Verschwendung oder Großzügigkeit.

⊕ Der Kampf um den Sinn des eigenen Lebensweges!
⊖ Fanatisch-gewalttätiges Bekämpfen jeder Entwicklung.

6 Sieg

Energie in ausgeglichener Erscheinungsform, ein autopoietisches, sich selbst erhaltendes System. Die Energie, welche durch das Weibliche aufgenommen und reflektiert wird, hat sich stabilisiert. Evolution siegt über Involution.

Liebe, Gewinn und Erfolg, Triumph nach Streit, Führerwille verbunden mit Popularität. Wenn schlecht gelegen, kann es Unverschämtheit, Stolz und Vernachlässigung des Innenlebens bedeuten.

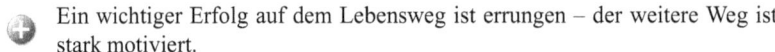 Ein wichtiger Erfolg auf dem Lebensweg ist errungen – der weitere Weg ist stark motiviert.

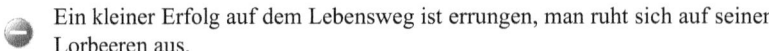 Ein kleiner Erfolg auf dem Lebensweg ist errungen, man ruht sich auf seinen Lorbeeren aus.

7 Tapferkeit

Die Armee ist in Unordnung, der Sieg ist nur noch durch individuelle Tapferkeit, ohne geeignete Unterstützung und ohne geeignete Waffen möglich.
Letztes Aufbäumen der Energie, Anstrengungen, möglicher Sieg, Hindernisse und Schwierigkeiten, denen mutig begegnet wird. Streitereien, Sieg in kleinen Dingen, Spekulation, emotionale Ausbrüche.

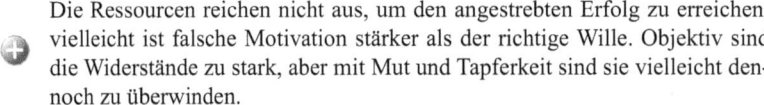 Die Ressourcen reichen nicht aus, um den angestrebten Erfolg zu erreichen, vielleicht ist falsche Motivation stärker als der richtige Wille. Objektiv sind die Widerstände zu stark, aber mit Mut und Tapferkeit sind sie vielleicht dennoch zu überwinden.

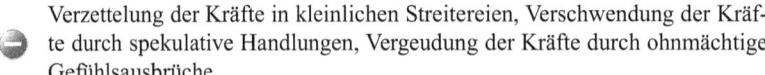 Verzettelung der Kräfte in kleinlichen Streitereien, Verschwendung der Kräfte durch spekulative Handlungen, Vergeudung der Kräfte durch ohnmächtige Gefühlsausbrüche.

8 Schnelligkeit

Sprache, Licht, Elektrizität, Energie von hoher Geschwindigkeit, Aktivität, Kühnheit, Freiheit, dem Ziel näher kommen, Brief oder Botschaft, zu viel Kraft zu plötzlich anwenden, ein Schlag ins Wasser, Gefahr der Zersplitterung.

 Die Integration und Anwendung aller zum Erfolg nützlichen Fähigkeiten.

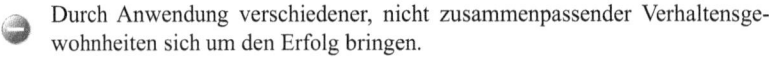 Durch Anwendung verschiedener, nicht zusammenpassender Verhaltensgewohnheiten sich um den Erfolg bringen.

9 Stärke

Die Energie ist wieder im Gleichgewicht, die Karte illustriert den Aphorismus „Wechsel ist Stabilität": Der Wechsel der Überzeugungen ist die Stabilität des Weges der Evolution.
Kraft, Gesundheit, Erfolg nach Widerstand und Streit, kolossale Gewalt, Genesung von Krankheit, Sieg nach Besorgnis und Furcht.

 Das Weltbild hat sich geändert, ist aber wieder kohärent und konsistent geworden – vor allem triftig begründet.

 Nach zielstrebig geführten Kämpfen scheint das Weltbild wieder zu passen – aber die Begründungen müssen noch sorgfältig geprüft werden.

10. Unterdrückung

Kraft, welche von geistigen Quellen abgeschnitten ist. Feuer in seinem zerstörerischen Aspekt. Ein Wille, der nichts von dem, was jenseits seiner stumpfsinnigen Absicht, seiner Gier nach Ergebnis liegt, verstanden hat, der sich selbst in der von ihm erweckten Feuersbrunst verzehren wird.

Grausamkeit und Bosheit, Selbstsucht, Lügen, Unterdrückung, Einschränkung, Verleumdung, falscher Wille, dumme halsstarrige Grausamkeit, aus der es kein Entkommen gibt, mangelnde Erkenntnis führt zu Zweifeln, Trennung von der Heimat, Verfolgung durch stumpfsinnige Bürokraten, Gesetze und Vorurteile, starr-fanatisch-stumpfsinnige Gesetze, Gerichte, Religion, Philosophie usw. Wenn besonders gut gelegen, vielleicht Selbstopfer, d.h. das Opfer dieser stumpfsinnigen Absichten, welches man eigentlich nicht Selbstopfer nennen kann, denn dieses „Selbstopfer" führt zum Selbst.

 Gewolltes Abgewöhnen eigener unpassender oder schädlicher Verhaltensweisen.

 Erstarrung in falschen Überzeugungen und Verhaltensgewohnheiten und der Versuch diese mit allen Mitteln zu verbreiten.

Kelche

Ass

Die Wurzel der Kräfte des Wassers. Die Kraft dieser Karte ist es, die zweite Form der Natur zu empfangen und hervorzubringen, lunar-kteische (weibliche) Kraft, die grundlegende Form des Heiligen Grals. Fruchtbarkeit, Produktivität, Schönheit, Freude und Glück.

- ⊕ Erfolgreich beim Erreichen angestrebter Ziele, deshalb Freude.
- ⊖ Erfolgreiche Produktivität.

2 Liebe

Liebe unter Willen, die Idee der Alchemie, Einheit aus der Dualität durch Auflösung und Vereinigung des Getrennten.
Harmonie von männlich und weiblich im weitesten Sinne, vollkommene, sanfte und ruhige Harmonie, intensive Freude und Ekstase ausstrahlend. Freude, warme Freundschaft, Fröhlichkeit. Wenn schlecht gelegen, Narrheit, Verschwendung, Vergeudung.

- ⊕ Die richtige Liebe.
- ⊖ Die falsche Liebe.

3 Fülle (Überfluss)

Die geistige Grundlage der Fruchtbarkeit, Erfüllung des Willens zur Liebe in überströmender Freude, die Karte der Demeter und Persephone.
Überfluss, Gastfreundschaft, Freude, Sinnlichkeit, passiver Erfolg, Liebe, Freundlichkeit, Freigebigkeit. Die guten Dinge des Lebens, weil sie erfreuen, sollte ihnen misstraut werden.

- ⊕ Sie werden glücklich, weil der/die Geliebte glücklicher wird.
- ⊖ Sie genießen passiv das in der Liebe erreichte, aber Stillstand ist Rückschritt.

Die Deutung der Einzelkarten

4 Luxus (gemischte Freude)

Der Samen des Verfalls in den Früchten der Freude.

Eine sichere Schwäche, dem Verlangen hingeben. Freude, aber darin ist Besorgnis, Erfolg mit Freude gemischt, nähert sich möglicherweise dem Ende, manchmal Ungerechtigkeit und Familienangelegenheiten.

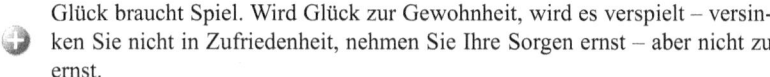
Glück braucht Spiel. Wird Glück zur Gewohnheit, wird es verspielt – versinken Sie nicht in Zufriedenheit, nehmen Sie Ihre Sorgen ernst – aber nicht zu ernst.

Wenn man immer mehr Stimuli braucht, um die Freude zu erhalten, dann ist das Glück schon lange zu Ende.

5 Enttäuschung

Der Triumph der Materie über den Geist. Hier ist kein tatsächlicher Verfall, sondern nur der Anfang der Zerstörung, daher Enttäuschung der im voraus erwarteten Freude.

Ende der Freude, Störung, wenn sie am wenigsten erwartet wird, in einer Zeit der Ruhe. Unglück, Enttäuschung in der Liebe, Unfreundlichkeit von Freunden, Verlust von Freundschaft, Treulosigkeit, falsches Wollen, Traurigkeit, vergebliches Bedauern.

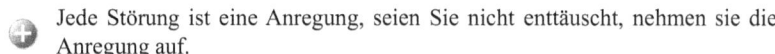
Jede Störung ist eine Anregung, seien Sie nicht enttäuscht, nehmen sie die Anregung auf.

Wenn Zufriedenheit zur Gewohnheit wird, hat die Materie über den Geist gesiegt. Schleichender Verfall.

6 Freude

Jene Art der Zersetzung, welche die Grundlage von Fruchtbarkeit und Leben ist.

Wohlsein, Harmonie der Naturkräfte, ohne Mühe oder Anstrengung, Leichtigkeit, Befriedigung, Glück, Erfolg, die Erfüllung des sexuellen Willens, Beginn von sicherem Wachstum – aber nur Beginn. Wenn schlecht gelegen, Eitelkeit, Überheblichkeit, Undankbarkeit, Befriedigung von Begierden.

Freude ist der natürliche Begleiter erfolgreicher Verhaltensgewohnheiten.

 Nur scheinbar oder kurzfristig erfolgreiche Verhaltensweisen werden durch Eitelkeit und Überheblichkeit kompensiert. Freuen Sie sich nicht zu früh!

7 Ausschweifung – Verderben, Illusion

Die geheimsten Mysterien der Natur verwandeln sich in die obszönen und schändlichen Geheimnisse eines schlechten Gewissens. Aber die Karte warnt nicht vor der Abweichung von der christlichen Moral, ganz im Gegenteil, „das Wort der Sünde ist Beschränkung".

Verderbnis, Verblendung, illusorischer Erfolg, Drogensucht, Rausch, Schuld, Lügen, Betrug, unerfüllte Versprechungen, Lust, Hurerei, Zerstreuung in Liebe und Freundschaft, Eitelkeit. Sehr gut gelegen: das Ablassen von diesem Weg zugunsten des Höheren.

 Selbsterkenntnis ist der erste Schritt zur Besserung.

 Selbsterkenntnis ist der erste Schritt zur Verstellung.

8 Trägheit (Resignation)

Wie die vorherige Karte die Sünde gegen den Weg der Tat enthält, so enthält diese die Sünde gegen den Weg der Kontemplation.

Wie gewonnen so zerronnen, verworfener Erfolg, abnehmendes Interesse an allen Dingen, zeitweiliger Erfolg, aber ohne weiteres Ergebnis, Instabilität, Trübsal und Unzufriedenheit ohne Grund, reisend von einem Platz zum anderen. Wenn sehr gut gelegen, auch das Ablassen vom Materiellen zugunsten von Höherem.

Den richtigen Weg zur Selbstvollendung zeigt der Wegweiser der Achtsamkeit – gehen Sie!

Die Jagd nach äußeren Stimuli tötet die innere Stimme – lassen Sie ab!

9 Glück

Ein wohlgeordnetes Fest der Freude, sich selbst erfüllende wahre Weisheit in vollkommener Glückseligkeit.

Vollständiger Erfolg, Freude und Glück, körperliches Wohlsein, immer vollständiges Glück, aber manchmal nur zeitweilig. Gefahr von Eitelkeit, Selbstlob, Einbildung und sich gehen lassen, wenn schlecht gelegen.

 Besser kann es nicht sein, aber bedenken Sie den Zahn der Zeit – Stabilität des Glücks ist nur durch Veränderung zu erlangen.

 Der Zufall des Glücks ist flüchtig – Sie haben ihn nicht herbeigeführt und können ihn nicht halten.

10 Überdruss – Sattheit

Das Streben nach Freude gekrönt mit vollkommenem, aber unbefriedigendem Erfolg.
Die Angelegenheiten sind dauerhaft – wie gewünscht – arrangiert, Friedensstiftung und Großzügigkeit. Wenn schlecht gelegen, Zerstreuung, Ausschweifung, Kleinheit, Verschwendung, Stagnation.

 Alles ist OK – aber was fehlt zum Glück?

 Wir haben das Glück erfunden – sagen die letzten Menschen und blinzeln.

Schwerter

Ass

Die Wurzel der Kräfte der Luft. Angerufene Kraft im Gegensatz zu Naturkraft (siehe Stab-Ass), denn das Prinzip Luft ist nur das Ergebnis der Vereinigung von Feuer und Wasser, deshalb ist ihm eine gewisse Passivität zu eigen, außer wenn sie durch Vater und Mutter in Bewegung gesetzt wird. Dann offenbart sie ihre schreckliche Kraft und greift deutlich sichtbar ihr Endziel an, so wie es ihre Eltern mit ihrer subtileren Kraft nie vermögen.

Repräsentiert große Kraft für Gutes und Böses, aber angerufen. Eroberung, wirbelnde Kraft, Aktivität, Stärke durch Störung. Behauptung von Gerechtigkeit, Aufrechterhaltung göttlicher Autorität. Es kann das Schwert des Zornes, der Bestrafung und der Leiden werden.

Die Deutung der Einzelkarten

- ⊕ Der eigene Lebensweg als Schöpfung des Zukünftigen.
- ⊖ Der eigene Lebensweg als Zerstörung des Vergangenen.

2 Frieden

Die Einheit der Gegensätze. Opfer und Sorgen gebären Stärke, Streit wird geschlichtet und Frieden wiederhergestellt, dennoch verbleibt (schöpferische) Spannung, Freude nach Leid, Wahrheit und Unwahrheit, Unentschlossenheit, die Handlungen sind manchmal selbstsüchtig und manchmal selbstlos. Schicksalhafte Verbindungen, gegenseitige Abhängigkeiten, aber zum Vorteil beider Seiten.

- ⊕ Selbstvollendung integriert in das Ganze.
- ⊖ Parasitäre Teilhabe am Ganzen.

3 Besorgnis

In der Kabbala steht an dieser Stelle Binah, die Dunkelheit der Großen See, der Schoß des Chaos, aus welchem auch die höchste Transzendenz entspringen kann.

Die Qualität der Melancholie (Weltschmerz), unglücklich sein, Tränen, Spaltung, Ausstreuen von Uneinigkeit und Streit, Verzögerung, Mangel, Trennung, Fröhlichkeit bei verbotenen Freuden, Täuschung. Wenn gut gelegen, kann es Sieg über den „inneren Schweinehund" durch Ehrlichkeit in Versprechen, Ehrlichkeit in finanziellen Angelegenheiten usw. bedeuten.

- ⊕ Nur striktes Einhalten der Pflichten erlaubt ein reines Gewissen: Unbekümmertheit.
- ⊖ Sie können dem Lauf des Ganzen nicht widerstehen.

4 Waffenstillstand

Diese Karte repräsentiert den durch Übereinstimmung (Kompromiss, Ausgleich) frei gewählten Ausweg aus dem mentalen Chaos. Aber es ist eine Politik der Beruhigung, welche, wie immer bei der vier, keinen Bestand hat.

Ruhe von Sorgen, Frieden nach Krieg, Entspannung von Besorgnis, Zuflucht von seelischem Chaos, Genesung von Krankheit, Wechsel zum Besseren nach Anstrengungen und Qualen. Autorität in der intellektuellen Welt, die Einsetzung des Dogmas und des damit zusammenhängenden Gesetzes als notwendige Tat, Gerechtigkeit, Streben nach öffentlichem Wirken, Abhängigkeit vom Dogma, weil zu träge oder feige, die eigenen Probleme zu lösen.

 Einbunkerung ist die richtige Strategie, wenn – und nur solange wie – nichts anderes geht.

 Auch wenn die Situation als verbessert oder stabil erscheint, sie kann keinen Bestand haben.

5 Niederlage

Die Niederlage beruht auf Schwäche, Degeneration, Pazifismus oder auch Verrat, welche inneren Antagonismen entspringen. Das römische Imperium mit seinen solaren Tugenden, welches dem Sklavenkult des Christentums aus Dekadenz unterlag, nicht wegen seiner militärischen Schwäche, ist ein gutes Beispiel für die Karten vier und fünf in den Schwertern.

Das Streben nach Unabhängigkeit ist ein positives Ideal. Wenn jedoch ein Feind angreift, dem nur gemeinsam widerstanden werden kann, führen die auseinanderstrebenden Kräfte zu Schwäche und Niederlage.

Schwäche, Verlust, Bosheit, Groll, Verleumdung, Misserfolg, Besorgnis, Armut, Schande, Unannehmlichkeiten, sich grämen nach Leid, Lügen, Trennen von Freunden, grausam aber feige, Böses reden, aber alles aus innerem Widerspruch entstanden.

 Stärken Sie die Gemeinschaft. Nur die Kraft der Gemeinschaft kann die Niederlage abwenden.

 In Notzeiten muss man seine eigenen Interessen zurückstellen: verlieren Sie Ihre soziale Umwelt, verlieren Sie sich selbst.

6 Wissenschaft

Vollständige, ausgeglichene Etablierung der Idee des Elementes, welches hier unter dem Namen Wissenschaft (wegen des vollständigen Gleichgewichts aller intellektuellen, geistigen und moralischen Fähigkeiten, Fertigkeiten und Kenntnisse) gefasst wird. Das ist aber die Idee der Wissenschaft in ihrer höchsten Form, nicht das, was sich gewöhnlich so nennt.

Intelligenz, welche ihr Ziel verwirklicht hat, Anstrengung, Arbeit, Erfolg nach Mühen, Weg aus Schwierigkeiten, Organisieren, Reformieren, Erfindungen, Fortschritt, Reise über Wasser. Wenn schlecht gelegen, selbstsüchtig, eingebildet, intellektueller Stolz.

⊕ Die wissenschaftliche Intelligenz ist der Stratege der Selbstvollendung.

⊖ Jeder Mensch und jedes Wissen ist fallibel (kann falsch sein)!

7 Nutzlosigkeit

Der vergebliche Kampf zwischen vielen Schwachen und einem Starken mit den Mitteln der Politik, mit Wankelmütigkeit, Kompromiss, Nachsicht und Duldsamkeit. Aber solange gewalttätige, nicht nachgebende Kräfte vorhanden sind, welche die anderen als naturgegebene Opfer betrachten, wird der Erfolg immer zweifelhaft sein.

Unbeständige Anstrengungen, Schwankungen, vergeblicher Kampf gegen zu starke Widerstände, teilweiser Erfolg dadurch, dass kurz vor dem Erfolg aufgegeben wird, weil Energie fehlt. Bezauberung mit Prunk, Reise über Land, unvertrauenswürdig, unzuverlässig.

⊕ Hilfe den Schwachen, Vernichtung des Bösen – suchen Sie Verbündete und neue Ressourcen!

⊖ Ausnutzen von Menschen, Missachtung und Zwang haben keine Zukunft!

8 Störung

Mangel an Ausdauer in Angelegenheiten des Intellekts und des Kampfes. Der Wille wird immer wieder von zufälligen Störungen durchkreuzt. Die von Schwäche gekennzeichneten Anstrengungen werden jedoch von einem glücklichen Geschick begleitet.

Die Deutung der Einzelkarten

Vergeudung der Energien an Kleinigkeiten begründet die Vernachlässigung wichtiger Dinge, Fehlen von Ausdauer, völlig unvorhergesehenes Unglück, Begrenzung, große Sorgfalt in einigen Dingen wird ausgeglichen durch gleiche Unordnung in anderen.

 Stärken Sie Ihren Willen und transformieren Sie Ihren Willen in Motivation! Lassen Sie nicht nach in Ihren Anstrengungen!

 Wenn die Motivation zu schwach und die Stimuli zu stark sind, ist der Wille überfordert. Verändern Sie den Stimuluscharakter Ihrer Umgebung!

9 Grausamkeit

Hier repräsentiert das Element nicht mehr das Prinzip des reinen Intellekts als vielmehr automatische Regungen herzloser Programme, die mit viel Energie ablaufen. Dies ist die Welt des Fanatikers, der unbarmherzigen Rache, das Naturell des Inquisitors ohne jegliche Zurückhaltung. Der einzige Weg, mit der Karte umzugehen, liegt in passivem Widerstand, in der Annahme des Märtyrertums.

Geistige Agonie, Verzweiflung, Hoffnungslosigkeit, Sorgen, Leid, Verlust, Krankheit, Bosheit, Pein, Bürde, Unterdrückung, Spitzfindigkeit und List, Lüge, Schande. Wenn gut gelegen, kann es Gehorsam, Vertrauenswürdigkeit, Geduld und Selbstlosigkeit bedeuten.

 Mit einem starken Helfer ist es wohl zu schaffen. Aber es wird wohl ein Profi sein müssen.

 Im Herzen weiß jeder, was das Wahre, Schöne und Gute ist – und alles fanatische Beharren darauf, dass es doch anders sein müsste, wird daran nichts ändern.

10 Ruin

Der wahnsinnig gewordene Verstand, der gedankenlose, verworrene Aufruhr seelenloser Mechanismen. Die Logik von Geisteskranken. Der Untergang des Intellekts, sowie aller mentalen, geistigen und moralischen Qualitäten. Das 20. Jahrhundert in seinem Normalzustand.

Vernunft von der Wirklichkeit getrennt, Tod, Misserfolg, Unglück, obwohl nicht völlig ohne Hoffnung, Spaltung, Ergebnis von vielen unnützen Gesprächen, geschickt und beredt, frech, unverschämt, aber mit Fröhlichkeit, geistig kann es das Ende der Täuschung ankündigen.

Im I Ging das 43. Hexagramm, welches als Gegenmittel den Rat gibt, den Staat von unwürdigen Beamten zu säubern.

⊕ Alles, was Sie bisher gelernt haben, ist nichtig. Wunderbar, Sie können neu beginnen!

⊖ Schauen Sie sich genau an, was in Ihrem Kopf ist und denken es bis zum Ende, fühlen sie genau hin, was in ihrem Herzen ist und kosten es bis zur Neige. Worte helfen nicht – Sie müssen entscheiden.

Scheiben

Ass

Die Wurzel der Kräfte der Erde – der Vielheit, des Zusammenwirkens der Elemente. Diese Karte war für Crowley die Bestätigung der Identität von Sonne und Erde, sozusagen Geist und Fleisch. Erde wird von ihm nicht mehr als passives, unbewegliches sozusagen totes oder sogar böses Element, nicht mehr linear betrachtet, sondern systemisch, als ein System beweglicher und sich bewegender, wirbelnder Kräfte, der Identität von Prozess und Struktur im System.

Irdischer Gewinn, Kraft, Arbeit, Wohlstand, Zufriedenheit, Irdisches in allen Bedeutungen.

⊕ Unsterblichkeit.

⊖ Tod.

2 Wechsel (fließende Veränderung)

Diese Karte wird Wechsel genannt, weil Wechsel der Träger der Stabilität ist. Der Wechsel von Yin und Yang, männlicher und weiblicher Kräfte, ist der Träger ihrer harmonischen Stabilität. Die harmonische wechselseitige Einwirkung der vier Elemente in ständiger Bewegung. Die wohltätigen Elemente in dieser Karte sind jedoch begrenzt, da der Wechsel nur von einer höheren Warte aus als harmonisch erkannt werden kann. Wer noch zwischen Pflicht und Freude unterscheidet, wird hier eher die unpersönliche Pflicht finden.

Harmonie des Wechsels, Abwechslung von Gewinn und Verlust, Schwäche und Stärke, gehobene Stimmung und Melancholie, wechselnde Beschäftigung, Wanderung,

Freunde besuchen, angenehmer Wechsel, fleißig, aber unzuverlässig.

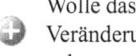 Wolle das andere in seinem Anderssein. Nur so können Sie im allumfassenden Veränderungsprozess glücklich werden und den Weg Ihrer Selbstvollendung gehen.

 Die starke Eiche knickt der Sturm, die Wolke lässt sich lustvoll treiben.

3 Arbeiten

Eine Energie aufbauender Natur, wie bei einem Baumeister oder Techniker.

Ehrgeiz, Arbeitseifer, Ausdauer, Wirklichkeitssinn, Geschäft, bezahlte Beschäftigung, kommerzielle Transaktionen, konstruktiver Aufbau, Zunahme materieller Dinge, Wachstum, Beginn von Angelegenheiten, welche später etabliert werden. Wenn schlecht gelegen, selbstsüchtig und närrisch, voreingenommen, gierig, suchend nach Unmöglichkeiten.

 Sorgfältige Planung ist die Basis jedes Erfolges.

 Prüfen Sie Ihre Ziele an der Realität – nicht an Ihren Begierden.

4 Macht

Die Idee der Erzeugung und Entwicklung in ihrer umfassendsten materiellen Bedeutung. Gesetz und Ordnung aufrechterhalten durch beständige Autorität und Wachsamkeit. Das feste, aber deshalb tote Zentrum, welches dem Umliegenden Sicherheit gibt. Die Idee der Veränderung oder Bewegung ist der Karte fremd.

Recht und Ordnung, Gewinn von Geld und Einfluss, Interesse für den Erwerbsberuf steht im Vordergrund, Lebensernst, Wirklichkeitssinn, gesetzmäßiger Aufstieg durch unermüdliche Arbeit, erdgebundene Kraft, aber nichts jenseits davon. Erfolg, Rang, Herrschaft, geschickt in der Ausrichtung physikalischer Kräfte. Wenn schlecht gelegen, voreingenommen, gierig, misstrauisch, Fehlen von Originalität.

Im I Ging das 2. Hexagramm.

Die Deutung der Einzelkarten

- ⊕ Der einzig unveränderliche Wert in der Welt ist Schönheit. Das Gute und Wahre ist nur wichtig, weil es Schönheit gibt
- ⊖ Irdische Normen und Institutionen mögen Ihnen Sicherheit und Karriere gewähren – aber Kreativität und Freiheit werden Sie Ihnen nehmen.

5 Sorgen

Intelligenz auf die Arbeit angewandt. Jedoch ist die Intelligenz hier meist zu schwach für die zu lösenden Probleme.

Intensive Spannung bei dennoch langandauernder Untätigkeit, einseitige Anschauungen, zu formales Denken, Verlust von Geld und Beruf, finanzielle Sorgen, Armut. Wenn gut gelegen, kann es Arbeit bedeuten, Kultivierung von Land, bauen, folgerichtiges Denken, die Intelligenz ist den Problemen der Arbeit gewachsen.

- ⊕ Ihre Ziele übersteigen Ihre Möglichkeiten. Das muss nicht falsch sein. Aber man muss dann erst einmal erreichbare Teilziele anstreben und währenddessen neue Möglichkeiten, z.B. effektivere Verhaltensmöglichkeiten, schaffen.
- ⊖ Schrauben Sie Ihre Ansprüche herunter – Lernen ist angesagt.

6 Erfolg

Die vollständige, harmonische Verwirklichung dessen, was im Ass gleichsam Mathematik war, jedoch ist dieser Zustand vergänglicher Natur.

Erfolg und Gewinn in irdischen Dingen, Kraft, Einfluss, Großzügigkeit, Menschenliebe, obgleich alles etwas verträumt und flüchtig. Wenn schlecht gelegen, Unverschämtheit, Geldstolz oder Verschwendung.

- ⊕ Sie haben jetzt alle materiellen Voraussetzungen für den Erfolg. Nutzen Sie die Gelegenheit!
- ⊖ Was meinen Sie, wie lange es reicht?

7 Misslingen

Alles ist im Zustand der Verderbnis, selbst das, was noch wächst.

Arbeit aufgeben, Faulheit, Schwerfälligkeit, unprofitable Spekulation, unerfüllte Erfolgsaussichten, enttäuschte Hoffnungen, Misserfolg, geringer Gewinn aus viel Arbeit. Wenn gut gelegen, kann es Wachstum mit Verzögerung, ehrenvolle Arbeit aus Liebe zur Sache ohne Aussicht auf materiellen Gewinn bedeuten.

- ⊕ Anspruchslosigkeit kann materieller Verlust und spiritueller Gewinn sein – aber nur, wenn sie aktiv ist.
- ⊖ Wer aufhört zu lernen, stirbt. So nähert man sich dem Zustand der Verwesung.

8 Klugheit

Intelligenz, die liebevoll auf materielle Angelegenheiten angewandt wird, wie z.B. bei Landwirten und Handwerkern. In dieser Karte zeigt sich das Interesse des gewöhnlichen Volkes. Die Klugheit der Vorratshaltung.

Ackerbau, bauen, Geburt, Geschicklichkeit, praktisches Denken, gründliches Spezialistentum, List, Fleiß, vielleicht ein Wechsel des Glücks. Wenn schlecht gelegen, kann es Sparsamkeit in Kleinigkeiten und Verschwendung im Großen, Habgier, Hamstern, Gemeinheit, Übersorgfalt in kleinen Dingen auf Kosten der Großen bedeuten.

Im I Ging das 33. Hexagramm.

- ⊕ Auch Heilige müssen klug handeln, sonst verhungern sie!
- ⊖ Wie groß müsste ein Sarg sein, damit man alles mitnehmen kann?

9 Gewinn

Die ursprüngliche wirbelnde Energie ist in die Form von Münzen geronnen.
Die materiellen Angelegenheiten werden von viel Glück begleitet, Verschmelzung von glücklichem Geschick und gutem Management, Erbschaft, großes Wachstum des Wohlstandes, Vervollständigung des materiellen Gewinns, auch Gier, Diebstahl und Schurkerei.

Sie haben eine glückliche Hand in materiellen Angelegenheiten. Nutzen Sie das für die wichtigen Angelegenheiten!

 Unrecht Gut gedeiht nicht. Banal, aber wahr!

10 Wohlstand

Materielles Gedeihen und Reichtum, Vervollständigung des materiellen Glücks, aber nichts jenseits dessen. Es ist eine Verdichtung am Ende, Alter, Trägheit, außer, wenn es dem ferneren schöpferischem Gebrauch gewidmet ist. Kann teilweisen Verlust, Schwerfälligkeit des Geistes – obgleich clever und gedeihend in finanziellen Transaktionen – Schwermut bedeuten.

+ Die Zeit der Veränderung ist gekommen. Nutzen Sie Ihre Intelligenz!

 Sind Sie trotz Ihres Alters, trotz Ihrer spirituellen Trägheit und trotz Ihrer Starrheit noch der Veränderung fähig?

Tarot und Kabbala

*Wer nicht an Wunder glaubt,
der ist kein Realist.*
David Ben Gurion

Die Kabbala ist eine alte Weisheitslehre, die auch in der heutigen Zeit ihren Wert nicht verloren hat. Eines der wesentlichen Elemente der Kabbala ist der Baum des Lebens oder Lebensbaum (siehe Abbildung S.14). Dieses Diagramm stellt, so sagen die Kabbalisten, alle Geheimnisse des Kosmos und der Magie dar. Der Baum des Lebens ist eine symbolische Darstellung der okkulten Philosophie (philosophia perennia). Er stellt z.B. das Urprinzip der Schöpfung und das materielle Universum dar, auch Makrokosmos und Mikrokosmos, d.h. den Menschen selbst als ein kleines Universum, sozusagen eine Kopie des großen Universums.

Der Baum des Lebens besteht aus 10 Kreisen, die Sephiroth genannt werden und 22 Verbindungslinien, den Pfaden. Sowohl die Sephiroth als auch die Pfade haben ihre Entsprechungen in Planeten, Tierkreiszeichen, Farben, Pflanzen, Steinen, Tieren und – den Tarotkarten.

Das Tarot entspricht dem kabbalistischen Baum des Lebens. Sowohl den Sephiroth als auch den Pfaden sind Tarotkarten zugeordnet, die abstrakten Philosopheme der Kabbala sind in ihm jedoch kaum enthalten. Das Tarot ist eher praktisch, es beschäftigt sich mit dem Einfluss der 10 Sephiroth und der 22 Pfade auf den Menschen und gibt die besten Methoden an, ihre Kräfte zu manipulieren.

Es geht in diesem Kapitel darum, eine **leicht verständliche Einführung in die Kabbala** zu geben, weil sie für ein tieferes Verstehen des inneren Zusammenhanges der Tarotkarten unumgänglich ist. Dadurch wird die Darstellung leider etwas ungenau. Betrachten Sie deshalb die Ausführungen über die Kabbala mehr als einen Nährboden, auf welchem sowohl das Verständnis, als auch die Vertiefung des Tarot wachsen können.

Kabbala ist ein hebräisches Wort, das „Wissen" oder „Überlieferung" bedeutet. Grundlagenwerke sind der „Sepher Jetzirah" – das Buch der Schöpfung – und der „Sohar" – das Buch der Herrlichkeit. Sie wurden im 3. bis 6., bzw. 13. Jahrhundert nach Christus schriftlich niedergelegt. Die ältere Überlieferung war hauptsächlich mündlich, lässt sich aber teilweise bis zum alten Ägypten zurückverfolgen.

Anders als die Christen, die glauben, dass der Weg zur Erlösung durch Glauben, Liebe und gute Taten geht, glauben die Kabbalisten, dass es nur möglich ist, das Urprinzip (Gott) durch Wissen (im Sinne von Erkenntnis, Erfahrung) zu erreichen. Nach dieser Lehre sind wir also nicht durch die Sünde im christlichen Sinne von Gott, dem Urprinzip, abgeschnitten, sondern durch Unwissenheit unfähig, das Urprinzip zu erkennen.

Ein grundlegender Gedanke der Kabbala ist, dass alle Dinge im Universum Teil eines organischen Ganzen sind, das von Gesetzen beherrscht wird. Zwischen den Dingen gibt es Verbindungen und Entsprechungen, auch wenn diese nicht offensichtlich sind. Daraus folgt, dass alle Erscheinungen etwas vom Urprinzip enthalten, und dass das Urprinzip durch die Erscheinungen erkennbar wird. Das Universum ist wie ein Buch, man muss es lesen.

Insbesondere der Mensch erscheint als eine Widerspiegelung sowohl des Urprinzips als auch des materiellen Universums – Mikrokosmos und Makrokosmos. So repräsentiert die Sephirah Nr. 1 die spirituelle Essenz des Menschen ohne Qualität und Quantität, die Nr. 2 und 3 repräsentieren seine kreativen und übertragenden Kräfte, seine Lebenskraft und seine Intelligenz, die Nrn. 4 - 9 beschreiben seine mentalen und moralischen Qualitäten als konzentriert in seiner menschlichen Persönlichkeit, die Nr. 6 ist sozusagen eine konkrete Ausarbeitung der Nr. 1, und die Nr. 10 korrespondiert mit der Erde, welche der physikalische Träger der vorhergehenden neun Nummern ist.

Auf dieser Grundlage beruht der Gedanke eines „Pfades", den wir stufenweise erklimmen können, um uns dem Urprinzip zu nähern.

Grundsätzlich geht die Kabbala davon aus, dass das Urprinzip (Gott) vollständig unbegreiflich ist. Es kann niemals direkt angesprochen werden – auch nicht im Gebet. Es ist alles und nichts. Es hat keine Eigenschaften und ist daher weder gut noch böse. Die Kabbala nennt es „Ain Soph" – das Grenzenlose. Es hat das Universum nicht erschaffen und ist folglich auch nicht dafür verantwortlich, sondern das Universum floss aus „Es" heraus, nicht als Willensakt, sondern notwendig.

Der „Sohar" verwendet hier ein Bild. Aus dem „Ain Soph" brach ein einzelner Lichtstrahl und aus diesem Licht kamen neun weitere Lichtstrahlen. Dieses „Ausfließen" von Lichtstrahlen ist eine erste Offenbarung von Aspekten des unbegreiflichen Urprinzips. Jede der zehn Lichtstrahlen kann sowohl als eine Facette des Urprinzips als auch als eine Stufe seiner Offenbarung angesehen werden. Diese Lichtstrahlen werden „Sephiroth" genannt (ein Lichtstrahl ist eine Sephirah).

Der Baum des Lebens ist in vier **Elementebenen** eingeteilt, in denen die Nr. 1 dem Feuer, die Nrn. 2 und 3 dem Wasser, die Nrn. 4 - 9 der Luft und die Nr. 10 der Erde zugeordnet werden. Diese Elemente dürfen allerdings nicht mit ihren materiellen Gegenstücken gleichgesetzt werden, sondern bezeichnen spirituelle Prinzipien, deren Eigenschaften an den materiellen Elementen beobachtet werden können.

Mit diesen vier Ebenen korrespondieren die sogenannten „Vier Welten". Die Erste, Atziluth, ist die archetypische Welt, der ersten Sephirah zugeordnet. Die Zweite ist der dynamische Aspekt der Ersten, es ist Briah, die schöpferische Welt, in welcher die reine Energie oder Kraft (Feuer) von Atziluth Gestalt annimmt. Die Sephiroth 4 - 9 umschließen Jetzirah, die Welt der Formen, in welcher ein intellektuelles Bild, eine fühlbare Form der Idee geschaffen ist. Die Nr. 10 realisiert dieses mentale Bild in Assiah, der Welt der Materie, wo es materiell wahrnehmbar wird.

Eine andere Einteilung klassifiziert den Baum des Lebens in **3 Säulen**.
- Die Säule der Gnade ist die rechte Säule. Sie repräsentiert die männlichen, positiven, hellen Seiten, das Yang:
  - Chokmah (Sephirah Nr. 2) ist der Vater des Universums, die Kraft hinter allem Tätigen und Schöpferischen.
  - Chesed (Sephirah Nr. 4) ist die zivilisierende, beschützende, liebende, väterliche Kraft.
  - Netzach (Sephirah Nr. 7) ist die Kraft der Natur, der Impulse und Emotionen.
- Die Säule der Strenge ist die linke Säule. Sie repräsentiert die weiblichen, passiven, dunklen Prinzipien, das Yin:
  - Binah (Sephirah Nr. 3) ist die Mutter des Universums, passiv und aufnehmend bis zur Befruchtung, danach fruchtbar. In Binah sind die schlummernden Möglichkeiten der Formen enthalten. Sie ist das Gegenstück zu Chokmah, dessen Kraft sie Wert bzw. Form gibt.

- Geburah (Sephirah Nr. 5) ist die gebündelte Energie, stark und mit zerstörerischer Kraft. Die liebende Energie von Chesed wird hier gesammelt und konzentriert und wird so zu Stärke und Strenge.
- Hod (Sephirah Nr. 8) sammelt die Energien von Netzach, die animalischen Instinkte und Emotionen, welche hier zu den höheren Stufen des Geistes werden, zu Intuition und Inspiration.
- Die Mittlere Säule oder das Bewusstsein stellt das Gleichgewicht her.
  - Kether (Sephirah Nr. 1) ist die erste Emanation des unbegreiflichen Urprinzips.
  - Es beherrscht die obere Dreiheit und ist das höchste Stadium des Bewusstseins.
  - Tiphareth (Sephirah Nr. 6) ist das Selbst, der Heilige Schutzengel. Zwischen „Gnade" und „Strenge" manifestiert sich das Selbstbewusstsein, der freie Wille.
  - Yesod (Sephirah Nr. 9) ist das Fundament, das Unbewusste, das Astrale.
  - Malkuth (Sephirah Nr. 10) ist der Mensch in seinem tatsächlichen Sein, welches aber die 9 Sephiroth enthält, die er nur zu verwirklichen braucht.

Bezogen auf die **körperliche Darstellung des Menschen am Baum des Lebens** ist Kether über dem Kopf angeordnet, Tiphareth ist das Herz des Menschen und Yesod sind seine Genitalien. Mit den Füßen steht der Mensch auf Malkuth. Die Säule der Stärke befindet sich zu seiner Rechten, die Säule der Gnade zu seiner Linken, während die Mittlere Säule sich etwa an der Stelle des Rückgrats befindet.

Die **praktische Anwendung** des Baumes des Lebens geschieht durch das Bearbeiten der 22 Pfade, die Verbindungslinien zwischen den Sephiroth, in Meditation und Magie. Einen Pfad zu „bearbeiten" bedeutet, auf ihm zu reisen. Die Entsprechungen, welche den Pfaden zugeordnet und im Liber 777 nachzulesen sind, dienen als Hilfsmittel für diese Reise, denn jeder Pfad hat nur eine Tür, durch welche er betreten werden kann.

Das Tarot ist ein symbolisches Bild des Universums, das auf der Kabbala basiert. Die bildliche Darstellung des Beziehungssystems des Universums in der Kabbala ist der Baum des Lebens. Er ist die Basis des Systems des Tarot.

Das Tarot ist am Baum des Lebens wie folgt zugeordnet:

Die vier Asse sind auf dem Thron von Kether plaziert, die verbleiben Zahlkarten von 2 - 10 jeweils auf den entsprechenden Sephiroth.

- 2 Chokmah
- 3 Binah
- 4 Chesed
- 5 Geburah
- 6 Tiphareth
- 7 Netzach
- 8 Hod
- 9 Yesod
- 10. Malkuth

Die 22 Trümpfe sind den Pfaden zwischen den Sephiroth zugeordnet, entsprechend dem hebräischen Buchstaben, mit welchem sie korrespondieren.

Die Könige und Königinnen der Bildkarten sind seitwärts von Chokmah bzw. Binah plaziert, die Prinzen bei Tiphareth und die Prinzessinnen bei Malkuth.

Mit Hilfe des Lebensbaumes können Sie sich die grundsätzlichen Beziehungen zwischen der Natur der Planeten, des Tierkreises, der Elemente, der Tarotkarten und aller anderen Entsprechungen vergegenwärtigen und so beliebig tief in die Bedeutung der Karten eindringen.

Formulare zur Deutung

9

Der Verstand braucht geordnete Informationen, um in Ordnung zu bleiben. Solange wir ein klares Ziel vor Augen haben und eine Rückmeldung erhalten, schnurrt unser Bewusstsein wohlig vor sich hin... Paradoxerweise sind wir in dem Moment, wo wir allem Anschein nach die größte Freiheit besitzen und alles tun könnten, was wir wollen, am wenigsten handlungsfähig.
Mihaly Csikszentmihalyi

Formulare zur Deutung

9.1 Auswertungsblätter

Tarot – Auswertungsblatt für das Legen mit 15 Karten.

Das folgende Schema wird Ihnen bei der Deutung der Karten, besonders am Anfang, sehr behilflich sein. Sie können Schritt für Schritt immer tiefer in das Blatt einsteigen, ohne etwas zu vergessen und ohne zu große Happen auf einmal zu nehmen.

9.2 Liste der gezogenen Karten

Karte	Farbe oder Trumpf	Wert	Name	+ / - / =
1. Karte				
2. Karte				
3. Karte				
4. Karte				
5. Karte				
6. Karte				
7. Karte				
8. Karte				
9. Karte				
10. Karte				
11. Karte				
12. Karte				
13. Karte				
14. Karte				
15. Karte				

9.2.1 Häufigkeitsverteilungen

Farbe	Menge
Asse	
Stäbe	
Kelche	

Schwerter	
Scheiben	
Bildkarten	
Trümpfe	

Das Kartenblatt enthält eine Mehrzahl von:	
4 Karten gleichen Wertes:	
3 Karten gleichen Wertes:	

9.2.2 Trümpfe:

Anzahl Atu:			
Zahlwerte der Atu:		Summe:	
Hebr. Buchst.:			
Zahlwerte der Buchst.:		Summe:	
Pfad-Nr.:		Summe:	

9.2.3 Grobdeutung

Gegenwart	Karten: 1, 2, 3
Zukunft	Karten: 4, 5, 6, 7, 8, 9
Ratschläge	Karten: 10, 11, 12
Karma	Karten: 13, 14, 15

Wort oder Satz zum Gesamtbild:	
Deutung für Häufigkeitsverteilungen:	
Zusammengefasste Deutung:	

Formulare zur Deutung

Je ein Wort für ...

die Karten 10, 11, 12:	
die Karten 13, 14, 15:	
die Karten 1, 2, 3:	
Ein oder zwei Worte für die Zukunftskarten:	

Fassen Sie jetzt die letzten 5 Deutungen zu einer ersten Grobdeutung zusammen:	

Verfahren Sie jetzt weiter, wie im Kapitel 5.4.3 „Das Legen mit 15 Karten" (siehe S. 53) beschrieben.

Spielerisches Verständnis des Tarot

10

*Armselig der Schüler,
der seinen Meister nicht übertrifft.*
Leonardo da Vinci

Das Ziel der folgenden Geschichten, Übungen und Spiele ist ein spielerischer Umgang mit dem Tarot Deck. Wenn Sie diesen spielerischen Umgang erlernen, können Sie auf der Grundlage der einzelnen (vorgegebenen) Deutungen eigene Deutungen finden. Das ist der Weg zur Meisterschaft – und er ist leichter, als Sie vielleicht annehmen. Es kommt darauf an, was die Karten Ihnen persönlich mitteilen. Die einzelnen Karten sind so miteinander zu kombinieren, dass ein einheitliches Gesamtbild entsteht.

Sie brauchen für die Übungen ein Tarotkarten-Set. Für einige Übungen brauchen Sie außerdem ein, zwei oder mehr Co-Erzähler, um gemeinsam Geschichten zu ersinnen. Das ist gesondert vermerkt. Zusammen mit anderen am Tarot Interessierten kommt man leichter auf Ideen und auf Zusammenhänge, die man selbst vorher nicht sah. Außerdem macht es noch mehr Spaß :)

Kenntnis vom Baum des Lebens ist nützlich, aber keine Voraussetzung.

Viel Spaß bei den Übungen!

10.1 Anfänger Übungen

*Anfangen im Kleinen, Ausharren in Schwierigkeiten,
Streben zum Großen.*
Alfred Krupp

Wenn Sie ein Tarot Anfänger sind, dann machen Sie sich erst einmal mit den Karten vertraut. Die folgenden Übungen können dabei helfen.

Natürlich können Sie jede der folgenden Übungen auch zu zweit oder zu dritt machen. Aber *Ihren* Zugang finden Sie zunächst am besten, wenn Sie bei Ihren ersten Rendezvous mit dem Tarot allein sind :)

Die Lieblingskarte wählen

geeignet für	Dauer	Schwierigkeitsgrad
1 Person	15 min	✓ leicht

Nehmen Sie Ihr Tarot-Blatt zur Hand und gehen Sie die Karten einzeln durch. Entscheiden Sie spontan, welche Karten Ihnen auf Anhieb gefallen, welche weniger.
- Legen Sie die Karten, die Sie positiv ansprechen, auf einen Stapel.
- Nehmen Sie sich anschließend den Stapel noch einmal vor mit der Frage: Welche Karten gefallen Ihnen von diesen besonders gut?
- Legen Sie Ihre Favoriten auf einen extra Stapel. Wiederholen Sie das, bis Sie sich für eine Karte entscheiden können, die Sie am meisten anspricht.

Finden Sie nun heraus, weshalb Sie gerade diese Karte ausgesucht haben. Sind es die Bilder, die Farben, die Anordnung der Elemente? Sie können diese Übung nach einiger Zeit noch einmal machen, um zu sehen, ob sich Ihre Vorlieben verändert haben.

Die unendliche Geschichte

geeignet für	Dauer	Schwierigkeitsgrad
1 Person	solange Sie mögen	leicht

Gehen Sie die Karten nacheinander durch. Erzählen Sie spontan und frei heraus, was Ihnen zu den Karten einfällt. Ihrer Fantasie sind keine Grenzen gesetzt. Lassen Sie sich einfach nur auf die Karten ein! Assoziieren Sie ganz frei, was Ihnen in den Sinn kommt. Das kann unbewusste Verknüpfungen wachrufen, die der Alltagslogik nicht entsprechen. Es ist ein gutes Zeichen, wenn Sie so weit kommen. Also nicht irritiert aufhören, wenn Sie sich zuhören und plötzlich denken, „Was für ein Blödsinn!" Sondern machen Sie weiter (die kritische Stimme ist früh genug wieder dran).

Probieren Sie mal aus, die Geschichte direkt aufzuschreiben – also nicht erst erzählen, sondern gleich schreiben, während Sie auf die Karten sehen. Halten Sie den Stift immer in Bewegung, machen Sie keine Pause im Schreiben. Sie können sich eine Uhr mit Countdown zwischen fünf und fünfzehn Minuten stellen, dann schreiben Sie durchgehend, bis der Wecker klingelt.

Einen Satz aus 3 Karten bilden

geeignet für	Dauer	Schwierigkeitsgrad
1 Person	2 Minuten	leicht

Ziehen Sie 3 Karten und bilden einen Satz aus den Namen der Karten.

Beispiel: Sie ziehen Ritter der Scheiben, Liebe, Arbeit. Daraus bilden Sie einen Satz wie: Der Ritter der Scheiben kennt nur seine Liebe zur Arbeit.

Oder Sie ziehen Trägheit, Niederlage und Glück. Aus diesen Karten lässt sich der Satz bilden: Trägheit führt zur Niederlage und nicht zum Glück.

10.2 Übungen zu den Personenkarten

*Eine Vielzahl von Eigenheiten
macht noch keine Persönlichkeit aus.*
Fritz Rinnhofer

In diesem Abschnitt lernen Sie, die Personenkarten zu verstehen und zu entschlüsseln. Für diese Übungen brauchen Sie nur die Personenkarten.

Die Personenkarten beschreiben

geeignet für	Dauer	Schwierigkeitsgrad
1 Person	5 Minuten	✓ leicht

Ziehen Sie jeweils eine Karte und beschreiben Sie die abgebildete Person so ausführlich wie möglich. Stellen Sie sich dazu Fragen wie:
- Wie sieht die Person aus?
- Welche Charaktereigenschaften zeigt sie?
- Was sind ihre Stärken, was ihre Schwächen?
- Welchen Beruf übt sie aus?

Machen wir das zunächst an einem Beispiel. Wir nehmen uns die Prinzessin der Schwerter.

Es handelt sich um eine mittelgroße junge Frau mit graugrüner Augenfarbe. Ihre mittelbraunen, glatten Haare trägt sie als Pagenschnitt.

Von der Statur her ist sie eher schlank und drahtig, wirkt leicht knabenhaft. Sie trägt bevorzugt Kleidung in Grüntönen, in der sie sich gut bewegen kann, z. B. Reiterhosen, weite Hemden.

Vom Charakter her ist sie streng, ernst und rachsüchtig. Sie wirkt sehr entschlossen, ist intelligent und neigt ab und zu zur Aggressivität. Sie ist sehr flink und geschickt in praktischen Angelegenheiten, besonders wenn diese widersprüchlicher Natur sind.

Ihre Stärken liegen in der Beilegung von Streitfragen, ihre Schwächen darin, dass sie sehr destruktiv sein kann. Vom Beruf her könnte sie durchaus Rechtsanwältin sein.

Unterhaltung zwischen zwei Personenkarten

geeignet für	Dauer	Schwierigkeitsgrad
👥 1 - 2 Personen	🕐 10 Minuten	✓✓ mittel

Ziehen Sie jeweils zwei Karten und erspinnen eine Unterhaltung zwischen den beiden abgebildeten Personen.

Beispiel gefällig? Ein Dialog zwischen dem Ritter der Stäbe und dem Prinzen der Kelche kann so verlaufen:

- Ritter der Stäbe: Ich habe da ein Projekt im Auge. Vielleicht können wir uns zusammentun. Ich dachte da an Folgendes...
- Prinz der Kelche: Aber nur, wenn Sie ausdauernder sind als sonst!
- Ritter der Stäbe: Ich weiß ihre leidenschaftliche Durchsetzungskraft zu schätzen. Wenn wir uns zusammentun, springt auch für Sie ein nicht unerheblicher Machtgewinn heraus!
- Prinz der Kelche: Pah, Macht! An Macht allein bin ich nicht interessiert, es ist vielmehr das Mehr an Wissen, was mich reizt. Wenn das dabei rausspringen würde ...
- Ritter der Stäbe: Das ist nur eine Frage der Betrachtungsweise. Ich denke an eine geschickte Kombination unserer Fähigkeiten: Ich habe die größere Anfangspower und Sie eher ausdauernde Zielgerichtetheit.
- Prinz der Kelche: Sie sehen sich als guten Sprinter und mich als Langstreckenspezialisten?
- Ritter: Ja, so in etwa könnte man ...
- Prinz der Kelche: Ich bin wohl auch eher der Schlauere von uns beiden und kann den Plan überprüfen, wo Sie sich zu spontanem Aktionismus hinreißen lassen.

Wie fruchtbar oder kontrovers so ein Gespräch verläuft, liegt ganz in Ihrem Ermessen. Also auf, jetzt sind Sie dran!

Wenn Sie so einen Dialog mit einem anderen Tarot-Studenten führen, ist es leichter, sich auf die Tarot-Persönlichkeit zu konzentrieren, die man selbst vertritt.

Karten realen Personen zuordnen

geeignet für	Dauer	Schwierigkeitsgrad
👤 1 Person	🕐 20 Minuten	✓✓ mittel

Personenkarten stehen im Tarot-Orakel meist tatsächlich für reale Personen. Darum ist es – schon jetzt und später beim Kartenlegen ebenfalls – wichtig, sie aufeinander beziehen zu können. Klingt simpel? Nun, dann stellen Sie sich vor, dass es in Ihrem Bekanntenkreis vielleicht jemanden gibt, der charakterlich dem Prinzen der Scheiben entspricht, aber äußerlich völlig anders aussieht. Vielleicht ist derjenige blond, groß und schlaksig und redet viel. Ich will damit nur sagen, dass reale Menschen selten 1:1 Entsprechungen der 16 Personenkarten sind. Das wäre auch langweilig, oder?

Jetzt sind Sie wieder dran: Gehen Sie alle Personenkarten durch. Ordnen Sie jede Karte einer real existierenden Person aus Ihrem Freundes- und Bekanntenkreis zu.

10.3 Übung zu Personen- und Zahlkarten

Vor allem anderen ist es die erste Pflicht
eines kultivierten Menschen,
immer darauf vorbereitet zu sein,
die Geschichte nochmal zu schreiben.
Umberto Eco

Die folgende Übung eignet sich besonders, um Tarotkarten deuten zu lernen. Sie mag für manchen anfangs weniger spektakulär wirken als beispielsweise die Deutung einer Trumpfkarte. Doch wenn Sie lernen, Personen- und Zahlkarten zu Geschichten zu verweben, sind Sie in der Lage, jede Kartenreihe zusammenhängend zu deuten. Zahl- und Personenkarten zusammen liefern die Action einer Deutungs-Geschichte.

Personen und Handlungen beschreiben

geeignet für	Dauer	Schwierigkeitsgrad
♟ 1 Person	⏱ 20 Minuten	✓✓✓ schwer

Für diese Übung brauchen Sie die Personen- und Zahlkarten.
- Sortieren Sie die Trümpfe aus, die brauchen Sie hier nicht.
- Mischen Sie die übrigen Tarotkarten gut durch.
- Ziehen Sie 7 Karten und legen Sie sie der Reihe nach von links nach rechts.
- Nun erzählen Sie eine Geschichte zu den gelegten Karten. Die Personenkarten stehen für Personen, die Zahlkarten für beobachtbare Handlungen, wie z.B. „... streichelt mit ihrer rechten Hand über..."

Im Folgenden will ich einige Beispiele für beobachtbare Handlungen geben. Der Zusammenhang zwischen dem Charakter einer Personenkarte und dass ihr Charakter sie zu bestimmten Handlungen führt (und zu anderen nicht!), wird häufig übergangen. Und was ist die Folge, wenn der Zusammenhang übergangen wird? Wir kommen leicht von der ersten Beschreibung zu Gedanken und Gefühlen, die diese Person(enkarte) hat – aber das war's dann auch. Und wenn das so ist, dann kann die Übertragung von den Karten auf reale Menschen – oder umgekehrt – kaum noch gelingen.

Nach diesem kleinen Einwurf zurück zum Thema. Wir wollen ja lernen und es besser machen.

Betrachten wir einige Stab-Karten:
- 5 der Stäbe, Streben: 2 Wanderer (z. B. Prinz der Stäbe und Prinz der Schwerter) stehen an einer Weggabelung. Der eine gestikuliert wild mit den Armen in die eine Richtung, der andere Wanderer in die andere.
- 8 der Stäbe, Schnelligkeit: Ein Gastgeber (nehmen wir an, es sei der Prinz der Stäbe) wirbelt von Tisch zu Tisch, um seine Gäste mit Bier zu versorgen. Er ist in seinen Bewegungen recht flink. Beim Verteilen knallt er einen Humpen Bier so auf den Tisch, dass das Glas zerbricht.

Oder schauen wir uns die 3 der Kelche, „Fülle", an. Eine Frau (es könnte die Prinzessin der Kelche oder Stäbe sein) lädt mit dieser Karte alle ihre Freunde ein, um ihren Reichtum mit ihnen zu teilen. Je nachdem, welche Prinzessin es ist, wird die Feier dann unterschiedlich verlaufen. Das zu beschreiben, wäre schon ein nächster Schritt.

Die 8 der Schwerter wird „Störung" genannt. Was kann da passieren? Bei einem Schach-Tunier bricht ein Teilnehmer (z.B. Ritter der Stäbe) plötzlich ab, obwohl Experten seine Spielposition keinesfalls schlechter einschätzen, als die seines Gegners. Wir spekulieren nicht über seine Gründe – wichtig weil sinnlich wahrnehmbar ist, dass er das Turnier abbricht. (Über das mögliche Warum kann uns die Karte „Störung" keine Auskunft geben. Das bedeutet, sobald wir uns darüber Gedanken machen, entfernen wir uns von der Karte!)

Weil es so wichtig ist, noch mal die Goldene Regel zur Wiederholung:

Die Personenkarten stehen für Personen.
Die Zahlkarten stehen für beobachtbare Handlungen.

Und auch hier gilt: keine Regel ohne Ausnahme. Aber das haben Sie sicher schon selbst bemerkt.

10.4 Übungen für alle Tarotkarten

*Durch Übung und nicht durch Regeln lernt man
das Leben und die Kraft richtig anwenden.*
Cicero

Für diese Übungen brauchen Sie alle Karten.

Mit 3 Karten eine Geschichte erzählen

geeignet für	Dauer	Schwierigkeitsgrad
1 Person	10 Minuten	✓✓ mittel

- Sortieren Sie die Tarotkarten nach Trümpfen, Personen- und Zahlkarten.
- Ziehen Sie von den drei Stapeln jeweils eine Karte.
- Erzählen Sie aus diesen drei Karten eine Geschichte.

Dazu zwei Beispiele, wie solche Geschichten beginnen könnten:

Wir haben diese Karten gezogen: Prinz der Stäbe, Der Magier, 10 der Stäbe "Unterdrückung". Unsere Geschichte könnte so beginnen ...

Es handelt sich um einen jungen Mann, impulsiv und kraftvoll. Er ist klar im Geiste, fähig, verschiedene Positionen einzunehmen und Argumente abzuwägen. Er befindet sich in einer Situation, in der er sich äußeren, einengenden Mächten gegenübersieht – vor Gericht – alles ist gegen ihn gerichtet, obwohl er unschuldig ist.

Wir haben diese Karten gezogen: Königin der Scheiben, Der Mond, 5 der Schwerter "Niederlage". Dann könnte unsere Geschichte so anfangen ...

Eine gute Hausfrau und Mutter wiegt sich in illusionären Vorstellungen über ihre Kinder. Die Kinder lehnen jedoch ihre Ratschläge ab und handeln nach entgegengesetzten Überzeugungen. Sie erlebt eine Niederlage in ihren Erziehungsmaßnahmen.

Mit 7 Karten eine Geschichte erzählen

geeignet für	Dauer	Schwierigkeitsgrad
👤 1 Person	🕐 20 - 30 Minuten	✓✓ mittel

- Mischen Sie die Tarotkarten.
- Ziehen Sie dann 7 Karten.
- Erzählen Sie eine Geschichte aus den 7 Karten. Die Trümpfe stehen für verschiedene Zustände. Das können psychische Zustände sein, wie z. B. Wut oder Melancholie, soziale Zustände, wie z.B. Krieg oder abstrakte Zustände. Die Personenkarten charakterisieren Personen, die Zahlkarten stehen für beobachtbare Handlungen.

Eine fiktive Biografie

geeignet für	Dauer	Schwierigkeitsgrad
👤 1 Person	🕐 30 Minuten	✓✓ mittel

Legen Sie ein 15er Blatt und erzählen eine Biografie über eine fiktive Person. Legen Sie vorher den Ist-Zustand fest. Es kann beispielsweise der Tod oder die Wiedergeburt einer Person sein.

10.5 Gemeinsam Geschichten erzählen

Das Kartenspiel ist des Teufels Gebetbuch.
Deutsches Sprichwort

Mit den folgenden Karten-Spielen vertiefen Sie Ihr Verständnis des Tarot. Außerdem bereiten Sie sich und den Mitspielern einen unterhaltsamen und lehrreichen Abend.
 Haben Sie nach der hochmagischen Tarotdeutung Lust auf ein paar hübsche und unterhaltsame Gesellschaftsspiele? Dann los!
 Und ach eins noch ... Ein Vorschlag für denjenigen, der denkt, dass Tarot was Ernsthaft-Seriöses ist und dass das nicht mit Karten*spielen* zusammenpasst: Fragen Sie die Karten, was sie von diesen Übungen halten. Und denken Sie an da Vincis Standpunkt, dass der Schüler

armselig sei, der seinen Meister nicht übertrifft. Wir sind alle Schüler des Meisters Tarot. Nur wir sollten nicht dabei bleiben :)

Gruppengröße und Voraussetzungen

Die Spiele eignen sich für drei bis fünf Personen. Wenn es mehr sind, empfehle ich, zwei Gruppen zu bilden. Dann benötigen Sie bei manchen Spielen zwei Kartendecks. Es ist günstig, wenn alle Mitspieler die Karten (inklusive Charakterisierung und Korrespondenzen) zumindest einigermaßen kennen.

Anfänger können mit der Übung „Geschichten erzählen zu einer Reihe" beginnen oder sie erzählen zunächst die Geschichte einzelner Karten – am besten zu einer Personenkarte oder einem Trumpf.

Klären Sie vor Spielbeginn, ob die anderen die Karten anfassen dürfen oder nur ansehen. Je nachdem, wie jemand mit den Karten arbeitet, kann es wichtig sein, dass sie keinen anderen Einflüssen ausgesetzt sind, um den eigenen Bezug dazu zu stärken. Jede Berührung kann die Schwingung der Karten verändern. Mit Ihrer Zahnbürste machen Sie es ja auch so (vermute ich:). So oder so: es geht nicht um ein Dogma. Nur klären Sie es mit den Mitspielern, damit jeder weiß, woran er ist.

1. Geschichten erzählen mit den Trümpfen

geeignet für	Dauer	Schwierigkeitsgrad
♟♟♟♟♟ 3 - 5 Personen	⏱ 15 - 60 Minuten	✓✓ mittel

In einer kleinen Gruppe wird eine Geschichte erzählt. Zu Beginn werden die Trumpfkarten aussortiert und in die Mitte gelegt, ein Teilnehmer nimmt eine Karte von dem Stapel der verdeckt gelegten Trümpfe, dreht sie um und formuliert einen Satz, in dem die Bedeutung des Trumpfes oder ein Bestandteil der Symbolik vorkommt.

Nehmen wir an, die Karte „Der Narr" wird gezogen: Der Spieler beginnt nun „... Plötzlich sprang Erwin mit leicht irrem Blick auf und griff sich die Narrenkappe. Ja ja, genau, die mit den Hörnchen. Für einen kurzen Moment war er erschrocken, denn irgendwer oder irgendetwas zerrte an seinem Hosenbein. Aber die ganze Zeit über blickte er auf ...." Dann nimmt der nächste eine Karte vom Stapel, wiederholt den ersten Satz sinngemäß und fügt einen zweiten Satz hinzu, der die Geschichte fortführt und zu seiner Karte passt. Das wird reihum wiederholt – bis den Spielern die Ideen ausgehen oder die verfügbare Zeit um ist.

Kleine Irritationen, sei es ein klingelndes Handy oder dass jemand Kaffee möchte, können in die Geschichte eingewoben werden. Nur achten Sie darauf, dass die Geschichte weiter auf die Trumpfkarten bezogen bleibt und sich nicht mehr und mehr in die aktuelle Situation der Spieler einklinkt.

2. Geschichten mit Personenkarten und Zahlkarten

geeignet für	Dauer	Schwierigkeitsgrad
3 - 5 Personen	10 - 30 Minuten	✓✓ mittel

Wir nehmen die Personenkarten und die Zahlkarten. Es wird wieder eine Geschichte erzählt. Die Personenkarten stehen für Personen, die in Aussehen, Charakter und evtl. Haupttätigkeitsbereich beschrieben werden sollen. Die Zahlkarten stehen jeweils für eine konkret beobachtbare Handlung.

Zwei Personenkarten sind oft ein leichterer Zugang zur Geschichte als nur eine Karte, einfach weil dann schon zwei da sind, die etwas miteinander tun. Und was sie tun, sagt die Zahlkarte – dafür empfiehlt sich jeweils eine.

Beispiel: Gezogen werden der „Prinz der Schwerter", die „Prinzessin der Schwerter" und die Karte „5 Schwerter". Der Erste beginnt die Geschichte mit: „... Ein junger dunkelhaariger, intelligent ausschauender Mann und eine dunkelhaarige, streitlustige junge Frau tauschten aufgebracht Worte miteinander aus. Ihre Augen schienen kleine Blitze zu schleudern..." Der weitere Ablauf ist wie bei 1.

3. Prüfung

geeignet für	Dauer	Schwierigkeitsgrad
♟♟♟♟♟ 2 - 5 Personen	⏱ 5 - 60 Minuten	✓✓✓ schwer

Man macht eine Prüfung zum Tarot: Jeder Teilnehmer stellt den anderen drei Fragen zum Tarot, welche einer der anderen beantwortet. Gefragt werden können Entsprechungen der Karten zum Lebensbaum, Farben des Pfades oder der Sephira, Bedeutung von Buchstaben usw.

Kombiniert mit einer einfachen Zusatzbedingung wie der, dass der Verlierer abwäscht oder einen kleinen Betrag an den Gewinner zahlt, kann sich hierbei eine erstaunliche Dynamik entfalten ... :)

4. Eine Geschichte mit allen Karten

geeignet für	Dauer	Schwierigkeitsgrad
♟♟♟♟♟ 3 - 5 Personen	⏱ 20 Minuten	✓ leicht

Es werden alle Karten verwendet. Wieder erzählen wir in kleinen Gruppen eine Geschichte. Der Ablauf geschieht wie bei den Spielen "Geschichten erzählen mit den Trümpfen" und "Geschichten mit Personen- und Zahlkarten".

Die Trümpfe stehen diesmal für psychische oder soziale Zustände, z.B. „Der Mond" für eine innere Krise.

Decken Sie eine Trumpfkarte auf. Ziehen Sie zwei weitere Karten vom Stapel. Die beiden gezogenen Karten beschreiben den psychischen oder sozialen Zustand und zeigen ein mögliches Verhalten in der Situation, bzw. Wege aus der Situation. Bei dieser Vorgehensweise entstehen oft sehr schöne Geschichten.

5. Tarot Quiz

geeignet für	Dauer	Schwierigkeitsgrad
♟♟♟♟♟ 3 - 5 Personen	⏱ 5 - 15 Minuten	✓✓ mittel

Beginnen Sie mit drei Quizrunden. Wenn das gut läuft, verlängern Sie das Turnier. Jeder Spieler stellt je Runde eine Frage zum Tarot und die anderen dürfen antworten, so schnell sie können. Es wird eine Strichliste geführt: Wer als Erster richtig antwortet, bekommt einen Strich.

Tipp: Außer Korrespondenzen jeder Karte können auch Fragen gestellt werden wie:
- In welche Richtung blickt der Ritter der Schwerter?
- Welche Hintergrundfarbe hat die Karte „4 Scheiben"?
- Welche Handhaltung nimmt der Hohepriester ein?
- Wieviele Personen sind auf der Karte „Die Sonne" abgebildet?

Derjenige, der die wenigsten Striche gesammelt hat, stellt als Nächster die Fragen. Bei Gleichstand können die Spieler den neuen Fragesteller auswürfeln.

6. Geschichte erzählen zu einer ganzen Reihe

geeignet für	Dauer	Schwierigkeitsgrad
3 - 5 Personen	30 - 60 Minuten	✓✓ mittel

Legen Sie die gemischten Karten in Reihen zu je 7 Karten verdeckt aus. Jeder sagt eine Zahl und bekommt die entsprechende Reihe zugeteilt, zu der er eine Geschichte erzählt. Jetzt werden die Karten aufgedeckt. Jeder sieht sich seine Reihe an, macht sich eventuell Notizen und dann geht's los mit Erzählen.

Tipp: Achten Sie darauf, dass beobachtbare Ereignisse und Handlungen geschildert werden. Sonst kann es schnell sein, dass der Erzähler von der sinnlichen Ebene abrückt und nur seine Interpretationen nennt („... ist sehr ruhig", „... verhält sich ganz schön arrogant" u.ä.) Je mehr Absichten und Gefühle statt Handlungen und Ereignissen geschildert werden, desto vager bleibt so eine Geschichte.

Eine anspruchsvollere Variante: Die einzelnen Geschichten sollen einen Zusammenhang haben, d. h. jede Reihe sollte an die vorherige anknüpfen. So muss also jeder seine Geschichte ändern, je nachdem, was die anderen vor ihm zu ‚ihrer' Reihe für eine Geschichte erzählt haben. Außerdem können Sie vorab festlegen, dass jede Reihe über eine bestimmte Person erzählen soll, die natürlich alle Beteiligten kennen müssen.

7. Personenkarten Bekannten zuordnen

geeignet für	Dauer	Schwierigkeitsgrad
♟♟♟♟♟ 1 - 5 Personen	⏱ 15 - 30 Minuten	✓✓ mittel

Sie legen die 16 Personenkarten aus und ordnen dann jeder Karte einen Menschen zu.
- Variante 1: Sie schreiben eine Liste von Familienangehörigen, Bekannnten, Freunden, Kollegen, Schulfreunden ... usw. auf. Dann ordnen die Teilnehmer jedem Bekannten eine Personenkarte zu.
- Variante 2: Wenn im Bekanntenkreis keine passende Person zu finden ist, suchen Sie bei bekannten Sportlern, Schauspielern, Politikern... Möglichst aber immer Personen, die alle Beteiligten kennen. Ansonsten beschreibt jemand kurz für die anderen, wodurch eine Person besonders gut zur gewählten Personenkarte passt.

8. Die Karten aus einer Geschichte erschließen

geeignet für	Dauer	Schwierigkeitsgrad
♟♟♟♟♟ 2 - 5 Personen	⏱ 10 - 20 Minuten	✓ leicht

Jemand sieht sich ein oder mehrere Karten an, die anderen dürfen die Karten nicht sehen. Er denkt sich dazu eine Geschichte aus und erzählt. Oder er zeigt den anderen die Kartengeschichte gestisch und mimisch. Natürlich kann das auch kombiniert werden. Die anderen sollen herausfinden, welche Karte(n) beschrieben wird/ werden.

Sie können hier sehr stark variieren, wie leicht oder schwer es für die Zuhörer wird: Eine einzelne Karte ist leichter zu erkennen als eine Abfolge von 7 Karten. Wenn es also zu leicht ist, nehmen Sie weitere Karten dazu.

Nachwort

Diese Tarotanleitung schrieb Michael D. Eschner mit dem Ziel, die Essenz des Tarot aus der magisch-kabbalistischen Überlieferung herauszulösen. Dadurch finden auch Leser einen Zugang zu den Karten, die nicht vorher die magische Literatur des Golden Dawn und Aleister Crowleys „Buch Thoth" studiert haben. Denn in der praktischen Arbeit mit diesem Buch und den Karten zeigte sich wiederholt eine Schwäche: Selbst Menschen mit langjähriger Tarot-Erfahrung und soliden Kenntnissen der Kabbala blieben in den vorgegebenen Deutungen hängen. Die Übertragung der Einzelkarten einer Tarotlegung in eine Gesamtaussage und damit die Antwort auf die Frage blieben vage, wenn sich der Deuter zu sehr an die Überlieferung hielt. Tradition kann ein Geländer sein, das Halt gibt – aber auch eine Barriere, die den eigenen Weg beschränkt. Also wurde die mystisch-magische Symbolik ausgefiltert, damit der Blick auf die je eigene besondere Fragesituation geöffnet wird.

Über Tarot ist viel gesagt und geschrieben worden. Vieles davon bestätigt die nüchterne Einschätzung von Umberto Eco, der über die Dynamik esoterischer Bücher schrieb, dass „... jede Neuerscheinung (über den Gral, über Templer, über die Rosenkreuzer) exakt dasselbe wiederholt, was in den vorherigen Büchern behauptet wurde. Das liegt nicht so sehr daran, dass Autoren solcher Werke nicht gerne aus unbekanntem Material recherchieren würden (...), sondern an den Anhängern des Okkultismus: Sie glauben nämlich nur an das, was sie bereits wissen und alles bestätigt, was sie irgendwann einmal mitbekommen haben." (Umberto Eco in der Frankfurter Allgemeine, 20. Dezember 2010)

Nun ist Tarot längst kein okkultes Insiderthema mehr, sondern wird auch psychologisch gedeutet und therapeutisch genutzt. Die Karten sprechen im Menschen, der sie betrachtet, etwas an. Neben diesem individuellen Aspekt beansprucht der Tarot, einen überindividuellen Aspekt auszudrücken. Neben einem Spiegel ist er eine Landkarte und ein Reiseführer der Lebenswelt. Jede einseitige Interpretation verzerrt und mindert den Erfolg.

Nachwort

„Tarot – Geheimnis Abenteuer Spiel" berücksichtigt diese beiden Aspekte. Das Buch gibt beispielhaft einige Deutungen vor. Diese Deutungen erschließen sich aus der Kabbala (genauer, den Korrespondenzen zum Baum des Lebens) und aus der Gestaltung der Karten (z. B. Farben, Formen, verwendete Symbole).

Vorgegebene Deutungen sind Hilfen für jeden Tarot-Studenten und für denjenigen, der gelegentlich die Karten befragt. Der Weg zur Meisterschaft ist die darüber hinausgehende eigene Deutung. Sie kann angeleitet, doch nicht gelehrt werden – zur eigenen Deutung zu finden, ist das Abenteuer für Sie, liebe Leserin und lieber Leser.

Der Tarot ist einzigartig, weil er absolut nichts Neues zu sagen hat. Alles alte Kamellen: alt – und bewährt. Dem hätte Michael D. Eschner zugestimmt, doch nun sind Sie dran, den Tarot für sich zu entdecken. Weisheit und Erfahrung von Generationen verdichtet in Bildern. Es sind Ihre Bilder, wenn Sie's wollen. (Knut Gierdahl)

Über den Autor

Michael D. Eschner (1949 - 2007)

Prophet des Horus-Äons, das Tier 666, Therion. Michael D. Eschner, auch bekannt als MDE, sah die Realisierung des Horus Äons als seine Lebensaufgabe. Er war u.a. Schachspieler, Eigentümer des ersten Berliner Sexshops, Autor und Übersetzer, Guru, Berater, begeisterter Spieler, Spieleprogrammierer, Chairman einer Internet-Firma – einer der schillerndsten Thelemiten im deutschsprachigen Raum. Er war der Gründer des Ordens A.A. Thelema 1982 in Berlin. Ein Jahr später wurde die Abbey gegründet. 1985 entstand das „Netzwerk Thelema" (aus der schließlich die „Thelema Society" hervorging); Umzug ins Wendland.

MDE wollte nie eine Massenorganisation gründen, das hatten die 68er konterkariert. Er baute eine Elitegruppe auf, eine eingeschworene Gemeinschaft von Menschen, die ihr göttliches Erbe antreten. Jenseits von Methoden ist Thelema eine Lebensform, die mehr Möglichkeiten und Fragen aufwirft als sie beantwortet. Wie kann der Mensch antworten? Nicht isoliert, sondern seine Antworten leben kann er nur in einem passenden Umfeld. MDE's Leitspruch „Menschen werden durch Menschen zu Menschen" bringt das auf den Punkt. Welchen Wert er Gemeinschaft beimaß, zeigt sich darin, dass er 30 Jahre lang Thelema-Gruppen leitete und seine Wahlfamilie um sich scharte.

Als spiritueller Berater der Thelema Society verfolgte er drei Ziele:
• Befreiung der Kundalini oder Sicherstellen der Reinkarnation
• Erlangung des Wahren Willens
• die Realisierung des Horus-Äons

Dafür war ihm das Liber Legis, dessen Übersetzer und Experte er war, Lebensregel und -orientierung. 30 Jahre beschäftigte er sich und ‚seine' Gruppe lesend, schreibend und immer wieder diskutierend mit Philosophie auf der Suche nach Klärungen zur Frage nach Lebenssinn. Es ging ihm nie um Bücherwissen. Es ging vielmehr um Zugänge zu einem anderen Denken, um anders leben zu können.

Am Ende dieses 20-jährigen Denkweges stand die Einsicht, dass all die brillanten Denker zwar Bausteine liefern, Perspektiven aufzeigen, Thelema jedoch weit darüber hinausweist. Die Möglichkeiten der Menschen werden durch keinen dieser brillanten Denker erfasst – und Thelema ist anders als alles bisher Gedachte und Gelebte.

Über das befreiende Ergebnis schrieb er selbst[1]: „Die Beschäftigung mit der Philosophie war die Aufarbeitung des altäonischen, hier genauer: alteuropäischen Denkens." Und selbst, wenn man Philosophie daran unterscheidet, ob sie auf Selbstreferenz basiert, ist das noch zu kurz gegriffen. „Das Problem der Selbstreferenz zeigt einfach, dass Philosophie und Religion, wie sie im alten Äon angepeilt und traktiert wurden, so weder erreichbar noch traktabel sind. Genau das ist der Grund, weshalb Nuit sagt: Ich gebe Gewissheit, nicht Glauben!" Das Liber Legis braucht die Philosophie nicht, da diese vom Mensch als Erkennendem ausgeht, nicht von „Tu was du willst". Zahlreiche Artikel und größtenteils unveröffentlichte L-Kommentare der letzten Lebensjahre behandeln das.

---

1   E-Mail aus Oktober 2007

Michael D. Eschner im MultiWelt Verlag

- Das Buch des Gesetzes. Liber L vel Legis
- Tantra und Sexualmagie
- Thelema in 100 Jahren
- Die THELEMA Fibel
- Thelema: die frohe Botschaft

Der MultiWelt Verlag im Internet

Was für neue Titel gibt es? Welche neuen Projekte startet die Multi-Welt? Und was ist neu im Blog? Der schnellste Weg, das zu erfahren, ist unser Newsletter. Einfach Code scannen, und schon sind Sie dabei:

Melden Sie sich an auf www.multiwelt-verlag.de

AUS UNSEREM VERLAGSPROGRAMM

netzfänge

Die Bedeutung des Internet für das Neue Zeitalter
Eschner/ Gierdahl

Tantra und Sexualmagie

Die geheimen Unterweisungen des Tieres 666
Michael D. Eschner

Thelema in 100 Jahren

Demokratie u. Philosophie sind am Ende. Wie geht es weiter?
Eschner/ Gierdahl

Thelema Fibel

Lese-Lern-Buch für spirituell Suchende
Michael D. Eschner

Wiederkehr der Götter

Vorträge zum Wassermannzeitalter
Knut Gierdahl

ABRAHADABRA: Das AHA Jahrbuch

Das beste Magie-Magazin im Reprint
Knut Gierdahl (Hg.)

Weitere Titel aus unserem Programm finden Sie auf der Verlags-Website: www.multiwelt-verlag.de

www.ingramcontent.com/pod-product-compliance
Lightning Source LLC
LaVergne TN
LVHW081354060426
835510LV00013B/1812